Between Two Worlds

Lessons from the Other Side

靈媒泰勒·亨利

生死之間，那些逝者靈魂教我的事

好萊塢靈媒

Tyler Henry

泰勒·亨利——著

林曉欽——譯

【前言】

這是一份生命的禮物

寫作本書的時候，大眾已經更願意站出來分享與靈魂溝通的經驗。經由電視與電影，生命在死後是否存在，這個大哉問已經深深影響了大眾文化——但不是因為這個問題很新潮，而是因為人們終於願意敞開心扉，接受新的答案。

當我的電視節目《好萊塢靈媒》順利播出之後，我就立下志願，無論眼前出現什麼答案，我都會誠實與全世界分享。時至今日，我仍然堅持這個使命，與立志的那天相比，我看見的問題也愈來愈多。關於靈媒和通靈現象的各種聲音不斷流傳，我的目標是從第一手經驗中汲取獨特且易於理解的詮釋。

我相信人能夠自己決定，什麼樣的理念可以跟自己產生最大的共鳴。我分享自己與彼世溝通時學到的啓示，也鼓勵大家自行判斷與自己產生共鳴的想法。

死後的世界絕非黑白分明。我會從超過一千次的通靈經驗裡，向各位解釋穩定出現的通靈機制，但也不會忽略死後的世界，其實是灰色中介地帶的事實。

我們將看見許多特殊的例外狀態，這就是未知世界之美。彼世的複雜與細緻，遠遠超乎人類的理解範疇。也許我永遠沒有辦法回答某些問題。但是，每次找到一個微小的答案，都能幫助我們理解另外一個更大的問題：人死後究竟會發生什麼事情？

我對死者說話，更有趣的是，他們也會對我說話，從彼世傳遞他們的感應與情感。我必須證明通靈的眞僞，也就是向登門尋求協助的委託人驗證，我從彼世所接受的訊息精確爲眞，而且只有彼世的靈魂才知道這些事情。證明通靈的眞僞之後，委託人能夠明白摯愛之人的靈魂仍然存在，不僅安詳，也願意溝通，把該說的話說完，或者完成靈魂移轉時的未竟之憾。

我在通靈裡學會了一件事：生命最好的禮物，就是生命的多元特質。我知道這本書會吸引各式各樣的讀者，來自於不同背景、信仰系統，對通靈的熟悉程度也不盡相同。

我會在書裡分享我個人的精神信仰，但更重要的是，各位能理解靈魂造訪時會發生的事情和過程。因此，我會著重在通靈經驗的細節，讓大家在閱讀中形成自己的結論，決定通靈在個人信仰大圖像裡的位置。

摒除彼此的差異，我想人人都能夠同意，只要有心願意治癒他人的痛苦，也相信愛的永恆，我們都會因此變得更好。無論是我，或是其他靈媒，我們的目標都是強調這個永恆的眞理。

我知道自己的能力是一份禮物，絕對不可自居功勞。我只是接收彼世訊息的媒介，並且把訊息傳遞給願意聆聽的人。每個人生來都有這份能力，只是程度彼此不同。我們愈是發展和信任直覺，直覺就愈能發揮精確且重要的幫助。雖然我完成過無數次的通靈，但還是每天提醒自己「不可以退轉」，要保持清明，才能順利接收彼世傳來的訊息。

剛開始理解通靈能力時，我在書店和圖書館待了無數個小時，一天閱讀好幾本書，在網路上尋找各種資源和資訊，想要理解到底是什麼原因，讓我變得如此與衆不同。

身爲周遭唯一能感受彼世的人，我非常孤獨，就像一隻腳踩在這個世界裡，而另一隻腳卻在另一個世界。我不能理解這種感受，也不認爲其他人能夠明白我的感受。我只是一個小孩，光是理解這個世界就已經夠艱難了，更別提還要理解另外一個世界。我就像待在兩個世界的交界，成爲傳遞訊息的信使。

隨著人生的成長，我開始用兩種方式理解這個世界。首先，我就像其他二十歲的孩子一樣，正在適應怎麼當一個成年人，學習如何獨立生活，例如第一次使用洗碗機。但從另一個截然不同的角度來說，多數人眼中的我是靈媒泰勒・亨利，長得像電影《小鬼當家》的男主角麥考利・克金，在電視節目上替大明星通靈，讓他們可以跟死去的親友溝通。

雖然大多數的人不能理解，從視覺、感官和心智的角度感應逝者傳遞的訊息是什麼感覺，但每個人都能瞭解，這些訊息可以對深愛逝者的人產生多麼巨大的影響。艾德娜阿姨留給你的粉紅絨毛骰子、你與摯愛奶奶之間的祕密笑話，全都是我非常想要傳遞給生者的訊息，雖然這些訊息對我來說可能非常難以理解。

委託人尋求協助時，我把通靈看成解開一連串的謎題。我會感應到一個或多個靈魂傳遞的訊息，再跟委託人一起思考訊息的相關程度與連結意義。通靈的過程有一半用來接受訊息，另外一半則是解開訊息背後的謎題。過去幾年的通靈經驗，讓我親眼目睹驗明通靈訊息的過程，可以治療多少人的內心痛苦。聽見愛人的訊息而不再悲痛，驗明心中強烈的直覺是彼世的聲音，或者解開內心的罪惡感……每次與死者溝通，我都能夠感受委託人最深刻的生命轉變。

每次通靈時，我的目標就是心無雜念地帶回委託人心中的摯愛，讓他們相信通靈的眞實性。驗明通靈眞僞的方式包括：描述個人特質、怪癖、家族傳統、只有委託人和彼世靈魂才知道的事情，有時甚至必須談論肢體動作。就是這些微小而具體的細節，才能讓委託人與彼世靈魂產生眞正的心靈交流。

每一天，彼世靈魂都會分享不同的生命經驗和故事，讓我理解他們生命裡最重要的一切。他們教導生者應當如何珍惜生命。我還明白了一個尤其重要的道理——人的靈魂會在死後明白更多事情。死者的靈魂讓我們學會生命的眞理，這是多麼諷刺的事情。

我希望這本書可以讓各位讀到不同的通靈敘事，誠實坦然、不賣弄詞彙而且容易理解。除了回答常見的問題，我也渴望全面探索自己的人性體驗，並且關照所有在這條路上與我交會的生者與逝者。

目錄
Contents

靈媒嗎？／通靈能力會遺傳嗎？／彼世靈魂是否可以阻止其他靈魂現身？／有沒有遇過相互矛盾的訊息？／世界上有外星人嗎？／與某個靈魂溝通時，看到他的照片，你認得出對方嗎？／你的通靈能力到何種程度？／通靈時的特定符號，代表什麼意義？／每個人都有自己的靈魂指引者嗎？／靈魂指引者的名字重要嗎？／有沒有任何印象特別深刻的通靈經驗？／通靈是否讓你看見有關父母的事情？／爲什麼你在通靈時流這麼多汗？／小孩的直覺比大人還敏銳嗎？／如何區分靈魂託夢或是純粹的夢境？／什麼是靈魂契約？／你對靈魂伴侶的想法是什麼？／如何用直覺與靈魂指引者溝通？／生前有精神疾病的人，死後會發生什麼事？／如何區分靈媒眞僞？／歷史人物會在通靈時出現嗎？／你曾經傳遞過壞消息嗎？／多次的婚姻關係會不會影響到死後的世界？／通靈的經驗，會影響你對一夫一妻制度的看法嗎？／傳遞過最深刻的訊息是什麼？

致謝

第　一　章

開　端

奶奶走了

我大聲哭喊：「媽，我們要快點去跟奶奶道別！」我被自己脫口而出的話嚇到了，頓了一下，才接著說：「我們現在一定要出發，奶奶今天晚上就要走了。」

我跟蹌走進廚房，站在母親身邊，感受到一股令人窒息的緊迫。幾分鐘之前，我才剛起床，心裡卻非常確定我愛的奶奶就要死了。這種感覺很難以言喻，還沒發生的事情，卻已經變成腦海裡的鮮明記憶。

母親不發一語，拿起行動電話與包包，連忙走向門口。我跟著她，時間彷彿慢了下來。失落感如潮水般席捲而來。我內心清楚知道，時間所剩無幾了，自己一定得向奶奶道別才行。

我們快步走向車子，此時，母親的電話響起。一股似曾相識的感覺湧上心頭。原本只是我心中難以解釋但非常確信的預感，卻在眼前真實上演。母親接起電話，電話那頭的人說，奶奶在幾分鐘前已經嚥氣離去。

當時我才十歲，這是我第一次的靈異經驗，只能夠用「靈知」一詞來形容。這種感覺不只是直覺，而是一種更強烈的確信，卻又找不出確切的根據。

從那天起，奇異的靈知改變了我對生死的所有認知。以前的我，從不知道什麼是預知或直覺，所以當天發生的事情，讓我感到非常困惑。爲什麼起床的時候會有前所未有的感覺？有一種未知的訊息傳到我的心裡，同時還有一股急欲想要交流的衝動？

奶奶的離去，對當時的我造成了難以想像的巨大影響。家族親友還在哀悼，我卻忘不了當晚的經驗；身邊的人落淚哭泣，我卻無法感同身受。提前得知奶奶即將離開這個世界的消息，儘管只是稍縱即逝的念頭，卻徹底改變了我對這件事的理解。我理解未來的方式，就像是在閱讀過去，但也深深明白結果無法改變。我不需要安慰，反而還可以安慰我的父母。

母親沒有將我的預感告訴父親，我不意外。連我自己都幾乎無法理解這樣的經驗，我的父母自然也不見得能夠明白。一份記憶反覆縈繞在我的腦海：母親聽到我的警告，毫不猶豫拿起東西，衝向門口。難不成她也有「靈知」，所以明白我說的話是真的？

隔天晚上，我上床躺好，閉上眼睛。經歷前面二十四小時的情緒起伏之後，我試著平復心情。當我正要朦朧入睡，一股甜美的芳香飄盪在房裡，聞起來非常熟悉。我半夢半醒，想起這個味道就是小時候常常聞到奶奶身上的香水花香。

躺在床上，我想起與奶奶的愉快回憶和那股令人難忘的香味。我緊閉雙眼，深怕如果張開眼睛，這個珍貴的連結就會灰飛煙滅。我好像墜入了夢的邊境。

突然間，我被驚醒，並發現已經不在自己的房間。我的雙眼還在適應黑暗，一道光芒倏地亮起。我在街上嗎？那是汽車的車頭燈？我揉揉雙眼，床腳邊出現了一個人影，看起來像剛過世的奶奶，但非常年輕，是她年輕時的模樣。時至今日，我仍然對於當時不過十歲的自己竟能如此冷靜而無比訝異。死去的奶奶站在床邊，身旁環繞著金色光芒。雖然她看起來年輕了四十歲，但不會錯，那就是我的奶奶。

她的容光煥發深深吸引了我。臨走之前，奶奶與癌症搏鬥了數月，頭髮全都掉光了，早已無力下床。然而眼前的她如此美麗，亮麗的金色捲髮，年輕紅潤的臉頰與慈祥的雙眼。我眼前的奶奶，其實是奶奶眼中的自己。我還來不及消化眼前發生的事情，突來的一道聲音打亂我的思緒，那是我永遠不會忘記的聲音：「雖然剩下的東西不多了，咖啡色箱子裡的項鍊是給你的。」她說：「不要太在意物質的小東西。我們下次見。」

我驚訝地看著奶奶。她看起來很隨興，舉手投足很靈巧，就像她還在世一樣。她的聲音柔和親切，能夠安撫人心，就像過往熟悉的奶奶。她向前走來，身旁環繞的光芒開始消散。我感受到她的溫度和不需言語的訊息：她對我的愛，早已超越了死亡。

我當時才十歲，在奶奶的人生裡，不過十年的時間而已，但她的存在似乎能傳遞一輩子的回憶。我迄今仍然珍惜那次的體驗，不只是因為我從失去奶奶的哀愁裡解脫，而是我更因此開了眼界。

我用以前不知道的方式看見奶奶。儘管這次的相逢短暫，但光是待在奶奶身邊，就能看見許多回憶鮮明地閃過眼前。

在那天之前，我從來不知道訊息可以不用透過語言傳遞。這些訊息以圖像的形式出現，起初幾乎沒有任何特別的個人意義：木盒裡的金項鍊幻化成彩色的瓢蟲與玫瑰。我不能控制也無法理解這些畫面。它們浮現在我腦海，宛如鮮明的回憶。

隨著這些畫面出現，奶奶也消失了。我感覺到房間變得空蕩——與奶奶聯繫時洋溢的溫暖倏然消逝。那些時光彷彿無窮無盡，好似我已進入永恆。方才給予我無數歡愉的光芒，與房間現在的黑暗形成強烈的對比。奶奶消失的瞬間，用一種奇怪的方式，讓我覺得奶奶死了第二次。多年以後，我才明白，有些已經前往彼世的人，不會立刻回來拜訪深愛的親人。

因爲親人還沒準備好，所以他們捨不得在接觸結束之後，讓親人感受第二次的失落。我開始深深地相信，離開的人知道生者內心的悲傷究竟到了什麼階段，是否已經準備好接收訊息。在尋求解脫的過程裡，彼世靈魂有時會將訊息傳遞給摯愛的生者，作爲解脫的一種方法，有時則否。

我躺在床上，思考方才經歷的種種，腦海閃過一個問題：我是否應該讓父母知道奶奶剛剛來過？大家的情緒都還很敏感，我不能確定他們會有什麼感受，所以必須謹慎。

死去的奶奶造訪我的夢境，我相信自己跟奶奶之間有了眞實的互動。這是我生平第一次的覺醒。我非常感謝這次與奶奶的連結。奶奶是我第一個失去的親人，這次連結的經驗解放了我的悲傷。但她的來訪卻沒有帶來解答，而是徒留下更多待解的謎。

在此之前，我從來沒有與家人討論過靈魂是否可以繼續與生者交流。我不確定我的父母會因爲這次的通靈經驗而感到欣慰，抑或感到困擾……畢竟我先前才預見了奶奶的死亡。

我的父母親都是教徒，其他家族成員的宗教信仰也非常堅定。要將我的通靈經驗融入至他們的生命裡相當困難。如果人死後只會上天堂或下地獄，爲什麼剛離開人世的奶奶會出現在我的房間？

在當時，我認爲保密是最安全的作法。於是，我開始自己尋找答案。我無法停止思考，奶奶有這麼多事情可以說，爲什麼要強調那條項鍊？我根本不知道什麼項鍊，而奶奶說的話聽起來非常難以理解。我們相處了十年，但奶奶未曾提過任何一條項鍊。她甚至特別提醒我不要執著於物質的小東西。她說的話相當費解，我當時才十歲，一點也不易感，根本不會想要擁有奶奶的任何遺物來思念她，更不懂「執著物質的東西」是什麼意思。

這件事情預示了我往後的通靈人生。我接受許多訊息，但完全無法理解訊息背後的脈絡。一次又一次，我終於明白，瞭解來龍去脈，並不是解釋通靈訊息的必要條件。我憑著直覺詮釋自己接收到的訊息，而這些訊息只是純粹的事實，無須分析。這就是驗證通靈訊息的第一步。

奶奶過世幾天後，家人爲她舉行葬禮。親友都出席了，我卻不想到場。幾天之前，我才剛剛經歷親人死亡後的悲傷宣洩，那是一個人可以得到的最大禮物。儘管我不能完全理解通靈經驗的意義何在，卻從來不曾質疑其眞實性。

在葬禮上，我看到不認識的人由衷讚美奶奶。奶奶是我最親近的人、最好的朋友、支持者，也是最棒的人。我看著出席葬禮的人走上臺，聆聽他們說話，才明白奶奶如何改變了他們的生命。他們的眼神傳遞出一種溢於言表的失落，但這不妨礙他們開口述說對奶奶的思念。奶奶的靈魂在哪裡？我們當然看不到。我這才明白，葬禮原來是爲了生者，而不是死者。

我們前往墓園，表妹坐在我旁邊。此時，一隻瓢蟲飛到她的手指上，整場葬禮都停著不動。表妹甩甩手，想要趕走瓢蟲，牠卻頑固地飛回她的手上，最後又飛到我的手上。

牠的執著已經到了荒唐的地步。我和表妹的心思全被這隻瓢蟲搶走，根本無暇注意臺上的牧師在說什麼。葬禮結束之後，阿姨注意到我跟表妹的情況。她猜想，瓢蟲可能是奶奶給我們的暗示。阿姨的話才剛說完，我的背脊一陣冰涼，這是通靈的前兆。時至今日，當我找到正確的通靈訊息時，也會有同樣的感覺。

離開葬禮時，我看見奶奶的棺木前有許多玫瑰花，再度感受到背脊發涼。幾分鐘之內，我當初看到的圖像已經有兩個證明與奶奶有關。奶奶的最後一個訊息是什麼意思？又該如何解開這詭異的謎題？

幾天之後，我們去奶奶家，將奶奶留下的遺物分配給親近的家族成員。奶奶雖不富裕，但非常善於打理，希望能夠與孫子們分享這些東西。我踏上門廊的樓梯，這是我第一次學走路的地方。我甚至還記得與奶奶共度的每個夏天。我們坐在門廊玩紙上遊戲，在夕陽西下時漫步在屋外。自從奶奶離開之後，這還是全家人第一次回到奶奶家。我們無法克制思念之情，但這樣的心情卻持續不久。

開門後我們發現奶奶所有的財產都消失了。後來我們才知道，遠房親戚與他的妻子早就來過，搜刮了所有的東西。其他較親近的家族成員非常失望，金錢價值高的東西被拿走了，對我們來說更有意義的東西也不見了，例如某些雖不昂貴，但卻充滿濃厚情感、用錢也買不回來的紀念品。

家人帶著悲傷、沮喪、憤怒與不滿，四處尋找是否還有什麼東西留下，好讓我們可以懷念奶奶。我們成長時拍的大合照也因而變得珍貴。我們打算最後一次到處看看，但絕望的氛圍四處蔓延。當準備放棄時，表妹在另外一個房間大喊，她找到了一個木製珠寶盒。我衝入房間，打開盒子，裡面只有一個小首飾——金色吊墜配上金鍊條。

我握著這條項鍊，想起奶奶曾說過要把項鍊給我，濃烈的情緒立刻淹沒了我，緊接著，奶奶傳遞的圖片訊息接連閃過我的腦海中，我終於完全明白奶奶想要說什麼了。

紅玫瑰，代表著她知道自己是被愛的，因爲這麼多的玫瑰花代表這麼多人瞭解並且在乎她。瓢蟲是她永遠陪在我們身邊的象徵。最後最深刻的訊息，則是奶奶早知道有些人，就算她走了，也不願意與所有家族成員同舟共濟，而是為了自己的利益，偷偷拿走她的遺物。奶奶想要藉由這些訊息讓我們知道，即使生者做出令人失望的選擇，也絲毫不會影響她在彼世的安寧。

就在此時，我明白了通靈的跡象與脈絡背後想要傳遞的訊息，通常會比表面更深切沉重。重要的是，這一切讓我明白，奶奶辭世當晚，我絕望地亟欲告別，許多人即將失去親人時也會有這種感受。但這種感受完全沒有必要。因為，死亡並不代表離別。

開始通靈

奶奶死後的那幾年，我的生活徹底改變了。我對周遭世界的感覺仍然正常，卻開始接收到不同的訊息與圖像。它們不停變化，有時出現在我的夢境，有時又在我清醒時出現。

我有時候會在一天內看見許多東西，但也有好幾個星期過去，卻完全沒有感應到任何值得一提的畫面或想法的狀況。

我慢慢明白，或者說，我開始「猜到」這到底是怎麼一回事了。無論如何，這只是一種詭異而隨機發生的特殊能力。沒有說明書能夠告訴我一切，或是教我該怎麼使用這種能力。

我非常感謝當初可以向奶奶好好道別，但也訝異她並沒有留下任何訊息給父親與母親。奶奶的死依然讓他們非常感傷。日後我才明白，有些人死後，對人世間的事情會保持沉默。他們的靈魂前往彼世，同時也會回顧自己的一生，深入理解自己的死亡所造成的衝擊。

每個人完成這段過程的時間不一，取決於他們如何調適自己對死亡的認知。我也知道死者會因爲各種原因，開始認爲自己和親人之間愈來愈疏離，這是非常正常的感受。然而，在另外一些情況裡，親愛的人死後，我們可能會很快收到他們傳來的訊息。彼世的靈魂會不會與生者交流，其實很難說。但他們的想法，其實與還在世的時候非常相似，這點令我相當驚訝。

我很少遇到熟識的靈魂，但許多陌生的靈魂會來找我，希望與我分享一些訊息，有時當然會不太順利。

我早期的通靈意象，來自於所有人都很熟悉的形式——夢境。我的中學時代，充滿了對夜晚的恐懼和沮喪的夢境。沉睡比清醒更累人，因為我在多數夢境裡仍然不得安寧。只有少數清晨，我記不得前夜的夢境，反而能夠感受到一股短暫的正常與輕鬆。帶著清澈的視野走入各種不同的夢境，起初非常有趣，但很快就讓我覺得非常厭煩，這根本不是什麼有用的能力。我想要的只是好好休息而已。

某天早上，一位女士拜訪我的夢境，留了一些訊息給母親之後，我就醒了。那天晚上我睡得很熟，但一如往常的「清醒」，一位褐色頭髮的女士出現在我面前，年紀不比我的父母大多少。在我第一次的通靈經驗裡，奶奶的模樣非常年輕，但這位女士不同，她的形象是死亡時的年紀。我不確定她會不會開口說話，只好盡可能觀察，想理解她的生平或死因。

我立刻注意到，她的兩串耳環幾乎要懸到肩膀上。她身上的衣物五顏六色，我的目光完全被細緻的打扮所吸引。夜晚來訪的靈魂，經常打扮得像是自己還活著一樣，這件事情很有趣。至於最讓我好奇與不解的問題，則是有些靈魂甚至會穿上特定的衣服。

靈魂的世界當然沒有製造各式各樣的聚酯纖維，所以不會做出色彩繽紛的衣服。我後來才發現，靈媒看見靈魂的模樣，取決於那個靈魂的選擇。一般來說，靈魂會選擇與生者息息相關的模樣。這點就像我們的日常打扮風格，能夠透露最細緻的人格特質。

從她打扮的亮麗色彩，我可以斷定，眼前的女靈魂肯定是一位有頭有臉的人物。她用刺耳的聲音說：「跟你媽媽說，在我的葬禮上，有一朵花是送她的。她聽了自會明白。」

還來不及消化這些資訊或提出更多具體問題，我就突然驚醒。我張開雙眼，陽光從窗外灑落。母親一如往常闖入我的房裡。我很害怕剛剛聽到的訊息內容，便未加思索地脫口講出方才的所見所聞。接下來發生的事情，改變了我與母親之間的關係，也用最親密的方式，證明了此次通靈經驗的眞僞。

母親手上的汗毛豎起，臉上的表情，也從原本專注在其他事情上，變成專心聽我說話。我不確定她會有什麼反應，只是靜靜坐著。突然間，母親衝出房間，過了一會兒，又跑了回來。

她手上拿著一朵絲花和照片。我這才注意到她全身的衣物都是黑色。母親說，她剛剛去參加老朋友的葬禮。我們望著彼此。母親沒有跟任何人提過，今天要去參加朋友的葬禮。離開葬禮時，她拿了一朵絲花，上面還有一張紙條，寫著「感謝妳的友誼」。

我告訴她，那位女士的聲音非常尖銳，留著一頭褐色短髮，而這些資訊消除了母親的所有疑慮。雖然母親不曉得我為什麼會知道這些事情，但我傳遞的訊息是如此真實，讓母親得到了相當的慰藉。雖然不能理解我的能力，母親還是可以從失去朋友的悲傷中得到解脫。除此之外，對於我所經歷的通靈感受，還是沒有辦法提出任何解釋。

儘管我不瞭解自己的通靈能力，但仍然繼續思考各種問題，直至今日都還是如此。我發現，每次當我找出一個問題的答案，無數的問題就會隨之浮現。想要解答所有的問題，只是徒勞無功。無論我是否能全然理解，往後都還是會看見這些靈視畫面。我深深被每個通靈象徵與符號吸引，完全無法自拔，尤其是它們反覆出現的時候。

我原本只是在夢裡不得休息而非常掙扎，但這種情況也逐漸影響了日間生活。差別在於，白天出現靈視時，我無法藉由甦醒而解脫。我必須學習，如何在日間靈視浮現時保持冷靜。起初，看見靈視畫面時，我沒辦法隱藏自己的反應。幸運的是，我還年輕，沒人在乎青少年偶發的古怪行爲。我從來不知道如何關掉這些訊息，但已經明白要怎麼暫時放諸於腦後。藉由這種方法，我仍然可以在大部分的情況下，專注於日常生活，不會過度分心。但你或許也猜到了，這些日子其實不太優雅。例如，中學時，我經常一邊與人說話，卻不知道自己在講什麼，因爲我非常專注地凝視對方身上的各種特點，而不是回應他們說的話。我很確定，自己看起來就像一個呆瓜。

我無法迴避靈視意象，也難以抗拒探索其背後的意義。我熱烈渴望詮釋靈視訊息，一有空的時候就會做這件事。我在日記本裡寫滿白天看見的符號與意象。我的生命就此變得不同，從原本只是隨機地接受訊息，轉變成開始學習如何主動交流。

訓練自己精通「即時感知」，是我最受用的經驗之一。

它讓我開始習慣有意識地敞開心扉、聆聽和傳遞訊息，更使我能迅速察覺意外訪客的身上藏了什麼祕密。

這個天賦徹底影響了我的人際關係。我發現自己更相信靈視和直覺，而不是人們口裡說的話。一次又一次，無論我對別人多麼推心置腹，結果卻一再證明，那些令人失望的直覺全都是真的。原本都是別人質疑我的能力，但現在卻輪到我不相信其他人了。長大之後，我逐漸擺脫這種憤世嫉俗的不滿，但這也預言了通靈帶給我的內在衝擊。我應該相信別人說的話，還是該相信自己的直覺？這個問題並不簡單，尤其是面對你所愛之人的時候。

變成「通靈少年」

當我步入青少年時期，我開始經歷一般人必經的試煉，但又比一般人更加不安和疏離。即使我知道自己與其他人不一樣，但還是努力理解一個事實：生而爲人，我們全都在學習自己是誰。我也絕對不是唯一一位正在經歷心靈巨大變化的人。許多心胸開放的朋友都有這樣的感覺，他們願意與我分享，我甚爲感激。

諾蘭就是這樣的好朋友。他是一位害羞的小男孩，跟我一起上自然課。十三歲的我們，分享了彼此對電腦遊戲的熱情。我們的情感隨著時間日益深厚，因此，我決定向他傾訴我的祕密。我描述了另一個世界的存在，還有我如何在過去三年觀察那個世界。

我很佩服他，因爲他聽完我說的話後非常鎭定，絲毫沒有被嚇壞。諾蘭是一個喜歡系統化分析且追根究底的人，他覺得我的能力很吸引人，並且把它叫做「詭異能力」。

他幫了我很多忙，和我一起尋找各種書籍和網站，終於明白這就是「靈視靈媒」。當我讀到「通靈」的各種定義時，感覺就像自己的生活情況被一一列出。我們在圖書館和電腦螢幕前花了很多時間，閱讀其他人所分享的類似經驗。調查成果非常驚人，我發現，原來自己並不孤單，世上還有許多跟我有相似經驗的人。

想當然耳，我的興趣也延伸至宗教與精神層面——這兩個領域其實都和「與亡者溝通」有非常顯著的關係，只是我一開始沒有多加思索。

雖然知道這種能力的名稱，但我還是找不到其他與通靈相關的領域。我看見「超自然」等字眼會覺得害怕，最糟糕的則是被稱作「邪教」。通靈是我「自然」且「正常」的狀態，當然不應該蒙上「邪教」這個充滿詭異氣息的字眼。

這個世界同時讓我完整，也使我分裂。我知道自己是什麼樣的人，也清楚自己不是什麼樣的人。我討厭**新時代**①提出的各種花招。雖然年紀還小，但我希望自己以後可以重新定義通靈這種能力。

我沉浸在各種神學與意識形態裡，也參與長老教會將近一年，並且開始大量閱讀佛教書籍，敞開心胸，接納不同的哲學與思考方式。我不知道該相信什麼——許多不同的哲學都對我親身經歷的彼世經驗提出不同解答。然而，我確信生命在死後會繼續存在，而且能夠與生者交流，這點無庸置疑。

除此之外，我願意接受許多可能性，甚至可說是所有可能性。我在圖書館裡翻閱宗教和哲學的書籍，用好幾個暑假的時間來閱讀，竭盡所能地吸收知識。

與其他靈媒接觸

然而，經過這些研究，我還是找不到自己的核心信仰。我探索了很多領域，而我相信，如果有人能對死後的生命提出決定性的答案，那麼他必然是與我擁有相同能力的人。

我開始注意其他靈媒，下定決心要找到像我這樣的人，回答我與日俱增的困惑。一開始，我只知道一些非常有名的靈媒，例如**約翰・愛德華**②和**詹姆斯・范普拉**③。

他們的著作非常受用，也奠定了現代通靈的基石。我讀他們的書，觀賞他們的通靈過程，甚至開始存錢，希望有朝一日能與他們相見。我翻遍網路，尋找專賣身心靈書籍的書店，希望能夠找到一個能與我面對面相見，甚至替我通靈的人，但當時並沒有任何斬獲。

就在這段探索過程裡，我對自己正在經歷的階段，終於產生了非常重要的理解。我明白將訊息分享給他人並取得回應，也就是向對方確認通靈訊息的眞實程度，究竟代表什麼意義。這個動作可以減少我困在靈界訊息裡的時間。

這是非常關鍵的時刻，因爲我從「隨時被動接通靈界能量的人」變成「至少能夠控制通靈時間長短的人」，方法就是判斷是否要分享彼世傳來的訊息，還是要守口如瓶。一般來說，分享這些訊息之後，我看見的靈視意象或感應就會消失——得到即刻的解放與休息，但下個訊息出現之後，休息的時間就結束了。

諾蘭是我少數能夠大方分享訊息、驗明通靈的朋友。我們嘗試了許多方法，想要理解我獨特的能力與應用範圍。我們在公園和咖啡廳閒逛、讀書、寫字和探索通靈能力的深度。

我在這方面完全稱不上擅長，也無法隨心所欲地運用這項能力，但經過練習之後，我已經愈來愈能感應到不同的人，這也成爲我通靈的必備能力。一開始，我們的試驗過程非常有趣，也有點失禮——我在大庭廣衆下看著某個陌生人通靈，寫下我感應到的情感與訊息，有時候甚至走向前去，詢問對方是否願意敞開心胸，聆聽他們深愛的人從彼世傳來的訊息。就在這個轉捩點，我從被動消極的通靈天賦接受者，轉而探索通靈更深刻的部分。

一開始，走向陌生人很尷尬，也會收到各種不同的反應。然而，隨著我愈來愈能自在地接受和傳遞，訊息也變得愈來愈多。幾個月過去，我的靈視感知內容也改變了。我不只能接受逝去奶奶傳來的簡短訊息、某個名字或者一份充滿情感的回憶，也開始在通靈時直接感應生者。感情問題、健康情況和職業發展，全都進入了我的通靈判讀裡。就連瑣碎的資訊也變得很多，例如隨機出現的色彩、看似毫不重要的回憶和許許多多彷彿資訊噪音的東西。經由不斷犯錯和練習，我學會如何探索這些通靈感應，驗明最重要的訊息，也逐漸有辦法忽略無關緊要的部分資訊了。

我開始面臨到一個全新的挑戰：我要用什麼樣的身分和資格，判斷哪些訊息值得傳遞，哪些又是無關緊要？難道郵差可以選擇要傳遞哪些郵件嗎？我的能力還不足以斷定每個象徵與符號背後的意義，因爲有些過於矛盾難解，或者需要更多的詮釋。

要求我擔任訊息檢查員眞的有點強人所難。我感受了太多東西，諾蘭是少數能夠理解此種處境背後苦與樂的人。在某次的聚會中，我和諾蘭漫步在校園，他提到自己有位要好的朋友，住在另外一個州。諾蘭說話的當下，「珍妮佛」和數字「二」即刻閃過我腦海。諾蘭非常驚訝，因爲他提到的好朋友有兩個妹妹，最年幼的就叫做珍妮佛。我把這些字說出口之後，靈視就消失了，我的腦海也得到短暫的平靜。無論我的能力究竟是什麼，它不會受到時間與空間的限制，我能夠經由這個人看見另外一個人，光是憑著意志，就能夠建立起通靈聯繫。我當時才十三歲，這種能力簡直就像超級英雄一樣酷。我想要發展這種能力，希望能夠找到一位導師領導我。

這段時光對於我日後以靈媒爲志向的影響甚深，而我現在的能力也多半是在當時開發出來的。某天，與朋友通電話的時候，我心不在焉地在紙上塗鴉。一波又一波的訊息開始傳遞到我腦海，我的筆尖因而在紙上不停滑動。我學會了用塗鴉的方式來引導訊息。

我已經能夠開始主動進行訊息傳導，不再只是憑藉夢境和隨機的靈視。至少從某些程度上來說，塗鴉讓我得以掌握流動在腦海的資訊。我筆下的塗鴉通常沒有意義，但塗鴉的過程實際上可以讓我進入冥想的心智狀態，啓動有意識的通靈交流。

發掘自己的能力的確很令我振奮，但有些時候，我希望自己只是個普通人。善用能力來照顧、滋養身邊的人是莫大的成就，但這不代表看見鮮明的預感不會造成任何的問題。我就曾經因爲一次的通靈經驗感受到巨大的傷痛。

在同年玩伴裡，年紀最大的是提姆。提姆跟我就像同一個模子刻出來的，只不過他的個性比我更直率。他不只是我的朋友，更像是我的親生兄弟。提姆因爲腦瘤而備受折磨，對我的童年影響甚深。一次又一次的化療，雖然幫助他抵抗病魔，但也徹底摧毀了他的聲帶。

我一直認爲自己跟提姆之間有獨特的羈絆。我們的方式不同，但同樣明白靠近另一個世界的感覺。提姆很小就理解生命的可貴，也對生活滿懷熱情，只要待在他身邊，就能感受到快樂的氣息。

提姆從來沒有把我當成「靈媒泰勒」，他只是純粹喜歡我們之間的友誼。我當時非常執著於認識自己的通靈能力，但提姆的病況提醒我必須好好陪伴他。我們很常一起騎單車、在海灘玩耍，和發明各式各樣的小遊戲。

摯友之死

在我青少年階段的中期，家人決定搬家。此後我們與提姆家頓時相隔了兩百英里，但我還是想在週末拜訪提姆。

某天，父親想要給我驚喜，突然決定帶我前往位於海邊的提姆家，讓我可以探望好幾個月不見的朋友。

那天的海岸非常美，我很興奮，想要跟提姆一起騎單車。我走向碼頭，看見提姆臉上的微笑，聽見他溫和而顫抖的聲音，從遠方大喊我的名字。走近提姆時，我原本期待感受到一股溫暖，卻只有一陣冰涼。我們見面時，他依然笑臉迎人，但我被一股嗡嗡作響的噪音圍繞，內心突然陷入一片寂白，然後看見了摯友的死亡。

我感應到的是毫無疑問的事實，沒有任何模糊地帶，可當時年幼的我根本還沒準備好承受提姆的死亡。我無法忽視自己看見的東西多麼可怕，更不曉得該說些什麼，只好藉口說自己身體不太舒服，提前回家。

假如我事先知道那是我們兩人最後一次見面，也許會做出不同的選擇。但我當時根本不能面對自己看見的東西，還有隨後會發生的事情。我與提姆後來漸漸失去了聯絡。

提姆在十七歲時離開人世。這一次，病魔奪走了他的性命。在他過世前的三個星期，提姆曾聯繫我，希望能見我最後一面。他才正要步入成年世界，生命卻急降殞落。我們兩人本來還計畫要來場短程公路旅行，以彌補那段失去的時光。

然而，這場旅程始終沒有實現。提姆的健康狀態一日不如一日，早已失去行動能力。不久之後，我在兩百英里外感受到他嚥下最後一口氣。我沒有收到任何預兆，這個時刻就這麼來了。

這份感應是一份殘忍的提醒，爲的是讓我明白，即便我是靈媒，也還是要臣服於神祕的宇宙，跟其他人沒有兩樣。我不知如何是好，只能向天祈求，希望得到指引，儘管我根本不知道神的名字，也不明白神的意義，只是發自內心盼望有個人會聆聽我的心聲。

結果，提姆聽見了。

提姆死後幾天，我的祈禱應驗了。我連續好幾天都夢到他。夢裡的他如此健康快樂，我們在碼頭見面，分享許多回憶。他用未受化療損害的清澈聲音大喊：「我成功了！我打敗癌症了！」

我猜想，提姆一定知道我爲什麼疏遠他，因爲我根本不能承受通靈和預知帶來的負擔。我爲提姆的英年早逝感到相當難過。我失去了好多與提姆共同創造回憶的機會。而這個經驗，也彰顯了通靈能力與個人生活之間的界線，已經變得多麼模糊。無論我想不想，所有的人際關係都會被通靈能力所影響。雖然我對於自己的通靈能力愈來愈有自信，但我也因此變得更加孤獨。

後來的幾年，我或許對自己有了更深的瞭解，然而通靈帶來的生命經驗，卻是一連串的疑問。我的腦海裡全是旁人對生命的感觸，我要如何尋找自我認同？儘管我的內心充滿掙扎，但每次通靈都讓我更能理解與我交會的人，最後也使我更加認識自己的角色。

我用靈媒的身分定義自己，因爲通靈是最能讓我產生認同的事情。我願意與需要的人分享這能力，因爲協助他人也成爲我定義自己的一種方式。也不知道這是好還是壞，總之這些經驗讓我成爲一位完美主義者。我下定決心要持續練習與提升自己的能力。我從來沒有自願成爲靈媒。通靈是一種責任，而我也用這種詭異的方式，度過了青少年時期的悲歡離合。

聆聽死者傳來的深刻訊息，形塑了我看待自身生命的方式。我從他們的錯誤中學習，在他們的睿智中得到撫慰。

他們的離去，竟以如此戲劇化的方式影響了生者觀看生命的方式，爲此我深深感激。我還年輕，才剛開始探索自己的生命，然而靈界傳來的啓示，卻給我帶來至爲深遠的影響。

註釋

①新時代（New Age）是起源於十九世紀晚期至二十世紀初期的文化現象，盛行於一九六〇年代以降且在一九八〇年代時達到高峰。新時代思維浪潮影響的範疇甚廣，包含哲學、宗教和社會。新時代的思想基礎汲取於世界各大宗教，多半強調解除原有領域的「中心主題」。以宗教而言，新時代精神論強調解構原有的宗教權威教條，主張人人應當按照契合自身的方式提升靈性，世上不同哲學與宗教提供各種靈修方式，可依照個人需求而選擇。新時代現象對歐美社會的影響甚深，也有各種批評，如濫用傳統宗教或過於違背宗教原意等。此外，不同

人對於新時代亦有不同論點。

②約翰・愛德華（John Edward），一九六九年十月九日生於美國紐約，在十五歲時，被一位靈媒預言他長大會成為一名出色的電視製作人，之後決心研究通靈術，並幫助更多的人和過世的親人溝通。

③詹姆斯・范普拉（James van Praagh），美國著名通靈作家，著有《走出哀傷》（*Healing Grief*）等書。

第二章

「出櫃」靈媒

開始執業

加州的漢福德市中心，只有寂靜的廢棄磚瓦屋和家庭式小商店。每家店賣的東西幾乎都差不多——小裝飾品、古玩物和令人印象深刻的宗教古物。

漢福德位於加州中央谷地的佛雷司諾的南方，距離三十英里。這裡民風純樸保守，環境清幽，很適合孩子成長。我站在一間小商店前，看見嶄新的櫥窗招牌寫著「靈魂的禮物」。店裡有一尊巨大的佛像，臉上洋溢著快樂的笑容。在此之前，我從來沒有在漢福德看過任何類似的東西。

我絕對不會忘記第一次走進那間店的風鈴聲，還有廣藿香與葡萄混雜的芳香氣味。門口兩側是禪風噴泉和灰色的竹子。右手邊的桌子披著色彩繽紛的布，上面擺放華麗的寶石和水晶，全都沒有標價。左手邊鏡面烤漆的門深深閉起。

我在店裡四處看看，塔羅牌、脈輪圖、小仙子模型玩具、關在籠裡的雀鳥，整齊排放在珠寶盒裡的冥想用CD。後來我才知道樓上的小房間是肚皮舞教室，授課的老師是店裡的塔羅牌占卜師，除此之外，這間店也提供各式各樣的心靈課程。

每個人似乎都可以在這裡找到自己要的東西。書架上陳列許多心靈治療和另類信仰的書籍。但是，每次造訪這間店，我發現似乎從來沒有人動過這些書。在這座鄉下小鎮，許多人對這間店抱持眼不見爲淨的態度，他們對於「不同的」信仰體系不太有興趣，也不在乎想要追求這些東西的人。

終於，一位瘦骨嶙峋的男人從後方走出來。他的名字是馬克，後來我們成爲了好友。馬克非常健談，喜歡和對靈性這方面有興趣的人分享自己的熱忱。馬克與妻子一起經營這間店，希望讓所有渴望獲得療癒的人能夠有個歸宿。我當時太緊張了，不確定自己應該坦承到什麼地步，所以只說自己還在念書，希望未來可以成爲醫護人員，最近對靈修相當有興趣。

馬克開始唸起店裡的宣傳單，上面寫著即將舉行的活動，大多數都是互助與冥想聚會。馬克不經意提到每週一次的靈力小組聚會以及「通靈發展工作坊一〇一」。我很清楚馬克對通靈並沒有太大的興趣，但光是聽到這些字眼，就已經讓我的耳朵豎起來了。馬克侃侃而談，從哲學聊到死後的生命，而我則用客觀的角度仔細聆聽他說的話。後來，我在這家店裡向馬克租了一個小房間，作爲我人生第一個正式的通靈場所。

我很感謝馬克與他經營的小店。這家店對我來說就像是一座精神聖堂。然而，這裡某些人的特定行爲，並不符合我心中「擁有眞實靈力者」會有的舉動。這家店其實應該接納所有生靈，但這裡的人就算擁有一些共同的興趣和信仰，仍會有派系之分。

喜歡探索超自然的團體彼此親近，卻從來不跟每星期到二樓參加**昆達里尼**①瑜伽課的媽媽團體打交道。這些團體輕視彼此，幾乎沒有任何互動可言。唯一的例外是通靈的練習者。

這家店讓我看見了「月球的另一面」。漢福德小鎮原來還藏著充滿活力而繁榮昌盛的人際網絡。櫃臺上許多傳單與名片，幾乎隨時可以找到有直覺開發能力的人，或者參加各式各樣的互助團體。

我在這裡遇到形形色色的人，也接觸到各種不同的事物，不久後，我開始覺得腦海一片混亂，這是西方人說的靈氣嗎？還是印度人的查克拉脈輪？又或者是東方世界的靈？我對此保持開放心態。然而，這些嶄新的體驗，都把我引向一個最根本的問題：我到底該相信什麼？

我經常問自己這個問題。每當接觸不同的信仰體系，這個問題就像是例行的心智檢驗。我對很多信仰都有部分的認同，但卻鮮少接觸宣稱絕對權威存在的信仰體系與信仰者。這間商店裡也有一些元素，和那些令我有些反感的教會聚會有點類似。我無法贊同某些事情，例如嚴苛死板的《聖經》引用或**吸引力法則**②。新時代運動和其他信仰體系一樣，吸引了形形色色的人，這些人大多心地善良，想要更深入理解自己在浩瀚宇宙中的角色。

這家店成爲另類人士的聖所，我當然也符合「另類人士」的定義。我花在小店的時間愈來愈多，上學前會過去看書，放學後的閒暇時光也在這裡度過。我心裡很清楚，對於漢福德小鎮大多數的居民來說，「靈魂的禮物」是一個詭異的地方，外面的人瞠目結舌，從來不會想要走進去，但對我來說卻像回家一樣自在。

我雖然不太想讓馬克知道我對通靈感興趣，但這裡很多人對通靈都有想法，要找到同好非常容易。少部分的人甚至宣稱自己可以直接感應到訊息。我當然很樂意瞭解每個人的通靈方法。大家都說自己可以感應到靈界的訊息，但這裡有幾位通靈者，就會有幾種完全不同的方法，可信程度當然也不盡相同。這個事實讓我很沮喪，不過我很快就可以看出誰說的才是眞話。

我原本只是在尋找引導自己天賦的方式，現在卻開始想要得到別人的理解，然而這不是件容易的事。隨著時間過去，我遇見了許多來自於不同背景的人，他們都擁有第二種視野——有些人出生就能看見，另外一些人則跟我很像，是在某個生命重大事件發生後，才擁有這種能力，例如失去親人或者瀕臨死亡。

無論是店裡沒沒無聞的通靈者，還是家喻戶曉的大靈媒，我對他們都很感興趣。雖然同樣是接收靈界傳來的訊息，然而每個人使用的方法卻完全不同。我無法信服那些含糊帶過細節和驗明過程的靈媒。他們用天馬行空的模糊話術來包裝平凡無比的陳述，這種手法相當常見。即便是這種令人質疑的靈媒，對我來說也很有趣，看著他們，我就能夠明白做哪些事情無法增進自己的通靈能力。

大多數的靈媒可以分爲兩種。第一種專注於個人的未來和生活諮詢，第二種主張啓發委託人的生命哲學或更高層次的信仰。第一種靈媒重視細節，強調驗明通靈的眞僞，也是我比較喜歡尋求協助的對象，但追求哲學思考的第二種靈媒也非常有幫助。兩種通靈背後的宗旨截然不同，第一種靈媒強調個人生命發展和預示，而第二種主張用更寬闊的視野理解浩瀚的宇宙。

我永遠記得某次特別的通靈回憶，讓我徹底改變尋找指引的方向，並且從自己的內在找到了指引。

冥想練習

我在小店認識了一位靈媒，她的名字是蜜雪兒。蜜雪兒通靈的房間就在鏡面烤漆門的後面，我請她替我通靈。

蜜雪兒開始通靈之前，我可以從眼神判斷她的心態相當正直。蜜雪兒的聲音很柔和，不急不徐的說話方式，加上非常誠懇的態度，早已讓我相信她不是藉由話術誘導，而是眞心想要詮釋靈界的訊息。

這次通靈一開始非常模糊。她說看見了一張椅子和一枚戒指。到了這個階段，我已經接觸過許多靈媒，不想把時間浪費在探討任何能夠用某種方式與人產生關連的隨機訊息。我想要驗明這次的通靈爲眞。一個小時過去，差不多在這次通靈中段時，蜜雪兒持續提到我在彼世的「指引者」幫助我與靈魂溝通。她說我的指引者不只一位——而是一群人會幫助我通靈和提供引導，但我必須知道如何聽見他們的指引。蜜雪兒的話聽起來很棒，但沒有其他證據能夠證明她講的話是眞的，我只能不動聲色地思考。

蜜雪兒說我和「指引者」之間最好的聯繫方式是冥想，而她也願意指導我如何冥想。她提到冥想的時間點很有趣，因爲我幾天之前才在自己的房間裡用蠟燭與焚香圍出一個冥想空間。除此之外，拜訪蜜雪兒當天的早上，我剛買了一株費拉蘆薈，放在房間的最中間。蜜雪兒冷靜地提到：「彼世的指引者想要讓你看一株植物……好像是仙人掌？」她停頓一下之後繼續說：「我看到你在那株植物旁邊冥想，是不是蘆薈？」我的腦海立刻被蜜雪兒說的話所淹沒。

我張大嘴巴，完全不敢相信，但這就是我想要的驗明！蜜雪兒的通靈是眞的！

她不可能知道我早上買了什麼東西回家。既然蜜雪兒的通靈爲眞，她說彼世有人正在指引我，也可能確有其事。我開始覺得與蜜雪兒的相遇是命中注定——也許我的指引者希望藉由蜜雪兒讓我注意到他們的存在。但他們究竟是誰？

回家之後，爲了接觸我的指引者，我下定決心練習冥想。諷刺的是，我後來才明白，與靈界接觸，需要的是無拘無束的思緒流動，而不需要「刻意練習」。畢竟，冥想的目的是摒棄思考，讓思緒與感覺降到最低，才能成爲清明不受限的器皿，容納彼世傳來的訊息。刻意建立聯繫只會讓我不能以直覺接受訊息，還會增加壓力並且妨礙訊息流動。但我卻沒有仔細思考，而是一味地這麼認爲。

到家之後，我放了一些安靜的背景音樂，點燃焚香，盤腿坐在地板上，無法預料到底會發生什麼事。過了一會，我終於知道刻意不思考是多麼徒勞無功。我決定放輕鬆，專注調節呼吸，但沒有任何結果。

休息片刻之後，我設定了三十分鐘的鬧鐘，繼續冥想，卻還是沒有進展，我感到非常沮喪。隨後幾天，我持續練習冥想，還是什麼都沒發生，只有隨意浮現在腦海深處的靈視意象。我知道冥冥當中有什麼東西正在引導我，要我找到指引者，但我還是不知道他們到底想要告訴我什麼。

幾個星期過去了，我沒有收到任何指引，我感到既挫敗又困惑。我還是常常感應到其他人死去的親人，但指引者就是沒有現身。既然他們想要協助我，爲什麼我會完全收不到他們的消息？

多次嘗試與指引者建立聯繫卻失敗之後，我決定讓他們自己來找我。到了這個時候，我的夜晚充滿各種鮮明的夢境、持續拜訪的靈魂，還有模糊但不停嬗遞的靈視。我一邊學習如何鍛鍊清醒時的通靈能力，一邊下定決心記住夢裡最重要的資訊，捨棄像雜訊般無關緊要的東西，藉此提升夢裡的通靈能力。

幾個月過去之後，我繼續訓練通靈能力。幾乎夜夜都有靈魂來訪，他們卻在某天之後完全消失，讓我十分驚訝。我開始做同樣的夢，夢到自己沉入深水，而我以前的通靈夢境也不再出現了。

即便是在成爲靈媒之前，通常我也都可以記住夢境內容。一開始的幾個夜晚，詭異的夢境像是沒有時間觀念，也沒有任何有形的東西，卻非常眞實。雖然我在夢裡的神智仍然清醒，但被溫暖的深水包圍還是讓我感到放鬆，至少可以逃離每晚與靈魂聯繫的疲勞轟炸。

這個夢對我來說有些熟悉，就像是某段回憶一般，但我潛意識深處卻想發出警告。這個夢一開始看似平靜，但宛如子宮的水域裡突然流竄著一股不安，讓我心跳加速。

我一連做了好幾個晚上的夢，每次早上醒來，我就會多記得一個細節。後來這些夢境逐漸變成一連串的夢魘。到了第三個禮拜，我終於失眠了。長久以來，我一直都有睡眠問題。我經常爲了逃避夢中世界而甦醒。假如連睡眠都無法休息，我的心力只會不斷耗弱，我該如何是好？

夜晚持續來訪的靈魂雖然會讓我疲倦，但做惡夢又是另一回事了。我很熟悉靈魂，見到他們也不會不安。然而這個惡夢，卻淹沒了我的腦海，讓我暈頭轉向，彷彿快要窒息。沒有任何東西比這場惡夢來得可怕。我睡著之後立刻感受到水溫，並且愈來愈覺得頭暈目眩。

突然間，我的左手被一股憑空出現的力量拉住，暈眩感也立刻消失，讓我非常驚訝。但我還在惡夢裡，什麼都看不見，只聽見一個聲音對我說：「你不記得了，但當初是我伸手救了你。」

雖然我不明白這句話是什麼意思，但聽見另外一個人的聲音還是讓我安心。我找不到聲音的源頭，只能確定是一位年輕人。一股熟悉的感覺湧入我的靈魂內在，我知道自己認識這個人很久了，遠遠超過我在世上認識的所有人。那種感覺就像雖然不記得對方的名字，但卻能一點一滴想起他是誰。

「華特。」那個聲音說：「我在你記憶中的名字就是華特。」

神祕的引導者

我想靠近這個既陌生又熟悉的聲音，但當我開始漫無目標地在水裡漂浮，就沒辦法開口說話。雖然令人作嘔的暈眩感消失了，我還是很害怕，不敢在水裡張嘴，以免水流入咽喉，灌滿我的肺部。

我用盡全身力氣，想要開口說話，但還是失敗了。我一張開雙唇，感覺就像整片海洋的水壓衝入嘴裡。我嚇得驚醒過來，上氣不接下氣。起床之後，我叫醒母親，她看我臉色這麼蒼白，於是倒了杯水給我喝，我禮貌地拒絕了。我現在可一點都不想喝水。

我對母親描述了這些令人窒息的惡夢場景，她雖然無法完全理解，但過程中卻一直保持耐性，傾聽我訴說各種情況。我知道，她不懂這些惡夢對我的影響有多大，但我還是奮力想要好好說明一切，並且希望她聽完之後，或許可以想起什麼有用的資訊，填補我記憶的空白，搞不好就能徹底擺脫這些惡夢。

母親推測這場惡夢來自於我過去對水的可怕回憶。她想到，當我年紀還很小的時候，全家人曾一起到夏威夷度假，後來發生了一場意外。當時我的年紀太小，不能下水浮潛，於是父親帶我探索海旁的潮池。我們背對海洋，根本不知道海上已經捲起一陣六英尺高的巨浪。海浪把我們捲向海邊的尖銳火山岩。母親回憶道，她當時看著海洋快要將我吞蝕，心裡滿是絕望。事後，他們才知道厄運降臨在沙灘上的另一個遊客身上，造成了悲劇。

我非常困惑，爲什麼自己完全想不起來童年的瀕死經驗，又是什麼原因讓我在夢裡想起一切。我央求父親透露該次意外的細節。他說那是可怕的回憶，所以一直不願意提起。

在不到一秒的時間裡，當時的父親只希望海水把我的身體帶到他伸手可及的距離，才能抓住我的左手，將我拉往岸邊。我不禁想起華特，也許是他用海水幫助我，拯救了我的生命。

從父母口中聽到這些事情，代表這是正確的探索方向，但也留下更多疑問。假如，華特從我年幼時就在守護我，但當時我還沒有任何已故的朋友，那麼他到底是誰？如果我跟他的緣分來自於前世，又為什麼他要在今生幫助我？

反覆出現的惡夢終於消失了。瞭解背後的意義之後，惡夢就煙消雲散，就像詮釋並傳遞靈界訊息之後，感應也會消失。無論華特是誰，他讓我知道是他救了我。

惡夢雖然消失了，但華特與我之間還是若有似無地聯繫著，通常是睡眠時出現的複雜象徵與想像。華特一直都在看顧著我的生命，似乎對我十分熟悉且瞭解，然而我對他卻幾乎一無所知。雖然我在夢裡不一定能夠看見他的臉，但他的存在愈來愈容易察覺了。

我愈是費心注意華特傳遞給我的跡象與同步訊息，就感應到更多的資訊，而且速度飛快。我不禁思考指引者對我的人生究竟有多大的控制力，又能從中得到什麼好處？

我後來才知道每個靈魂全都彼此相連，但有些靈魂對其他靈魂來說特別重要，他們的任務就是必須幫助其他靈魂靈性成長。這種以啓蒙引導爲主的關係，有時又被稱爲「靈魂契約」，具體的形式有非常多種（稍後我會詳加解釋）。簽訂靈魂契約者，有時是爲了提供深刻的協助，幫助我們在體驗生命的時候，能夠理解身而爲人的意義。

在一些情況下，靈魂契約不限於生者。這種連結通常會和我們的靈魂走向有關，取決於兩個靈魂之間該學習的課題，也會決定雙方扮演的角色。

另外一個重點是，**所有的角色都是暫時的，靈魂指引者也不例外。改變是成長的關鍵**。指引者的靈魂跟生者的靈魂一樣，都會不斷往前邁進，也必須面對他們自己的課題與挑戰。無論靈魂必須化身爲什麼樣的角色，所有的角色都是暫時的，必然改變，而且不會受到彼世或此世的影響。

華特會在不同的情況下，用不同的方式現身幫助我。如果我需要安慰，他會在夢裡化身爲一位極富同情心的朋友。如果我感應到的訊息非常嚴肅，他會傳遞能量，讓我看見解答。這股能量帶有一種熟悉感，證明背後的源頭就是華特。我的心態愈是開放，就愈能在白天看見令人信服的通靈跡象。

我記錄了所有的直覺、反覆或隨機出現的想法和偶發的白日夢之後，發現原來這一切都是精神指引者的交流方式。對我個人來說，傳統冥想不是「聽見」精神指引者的必要方法。經由不停的嘗試與練習，我終於學會如何詮釋符號化的資訊。我曾經每天花一個小時冥想，但鮮少取得有用的資訊，於是我到戶外與周遭環境溝通，打開自己的心靈，讓訊息進入我的腦海。

感應訊息的方式

我在青少年中期的時候，發生了一件非常深刻的通靈經驗。我跟母親想在鄰近的披薩小店吃晚餐。從走入店裡的那一刻開始，我的目光就被啤酒廣告招牌下的桌子吸引。這次通靈經驗非常詭異，我的直覺似乎從那張桌子上感應到什麼，我卻搞不清楚。我看著那張桌子，心裡浮現一股急迫的感覺，就像自己忘了相當重要的事情，但無法得知究竟怎麼一回事。

這種感覺就像被某個東西牽著走，無論我多麼努力，就是擺脫不了。那個時候，我已經向母親驗明多次的通靈眞僞，她一定會相信我，也會盡力理解我說的話，但我已經不知道要怎麼描述當下的感受了。

我想專心點餐，忽略那個昏暗的座位。就在這個時候，前方兩位男士把菜單放在櫃臺，轉身找位置坐。他們在店裡走動，我看見其中一人走到引起我注意的座位之後，內心的急迫感變得愈發強烈。我終於看見了急促且帶金屬感的畫面，一位身穿一九八〇年代風格服飾、瘦骨嶙峋的男人，還有一輛在街上飆速的汽車。最後，我的口腔裡出現了金屬的味道。

陌生人絕對不曉得我到底發生了什麼事情，但母親非常瞭解我，已經看出一些端倪。她知道我每次通靈就會身體發寒顫抖，手上的汗毛也會豎起。

「泰勒，你是不是看到什麼？快點跟媽媽說。」母親的語氣非常堅定。

我全力梳理自己的感受，描述自己看見了哪些不同的畫面後，母親的表情驟變，淚如雨下。我發現她手臂上的汗毛豎起，看起來跟我一樣憔悴不堪。

「我還是學生的時候，曾經跟坐在啤酒廣告招牌底下的男人交往。」母親說：「他二十多歲的時候，弟弟被車撞死了。」

這個時候，我跟母親都非常手足無措。母親鼓勵我去跟那個男人聊聊，但我的直覺卻不這麼想。我站在這間不起眼的披薩店，徹底陷入眼前只有一步之遙的靈視場景，看見了一位陌生人的心靈世界，但我只打算吃下披薩，假裝這件事情不曾發生，直到心裡的感覺消失。

在內心深處，我認爲這是一次教訓，要讓我學會判斷的重要性，必須明白哪些人可以聆聽通靈資訊。如果一個人的心靈過於脆弱，看見死去的親人只會讓悲傷療癒的過程變得更困難。我也許無法控制自己會感應到什麼，但我必須決定要不要傳遞這些訊息。

雖然我很想要見到所有的指引者，但事實證明他們非常高深莫測。多年來，我一直都在努力記住指引者的容貌，替他們取名字，想讓他們更富人性，並且聆聽他們的想法。

自此以後，我開始相信有些事情注定是在我理解範圍之外的。毋庸置疑，我的指引者「團隊」在通靈過程中鼎力相助，還會指引我度過自己的人生，雖然我不見得會在當下察覺這個事實。我的通靈能力背後究竟藏著什麼樣的力量，始終是一個謎題，對我或對其他人來說，都一樣神祕。我唯一能夠確定的是，我接收的任何訊息必然有其原因，而我的使命就是完成訊息所傳遞的需求。

我還記得跟母親一起待在披薩店的時候，意識產生了明確的轉變。我知道指引者就在身邊，雖然他們與我之間的交流非常難以察覺，但只要我想，應該隨時都能留意到一些蛛絲馬跡。

我經由母親驗明了通靈爲眞，而沒有走向餐桌與男子攀談。這件事情之後，我明白自己必須找到眞正想聆聽訊息的人，也下定決心要使用更細緻的通靈方法。我感應訊息的方法有兩種：

一、直接從當事人的能量感應生命事件與資訊

如果想要理解當事人對特定情況的理解，或者觀察其個人生活裡最私密的一面，最好的資訊來源就是當事人本身。

當我觀察一個人現在、過去與未來的情感關係，還有健康與自我實現時，通常會直接閱讀對方身上的能量，因爲能量蘊藏經驗，也會帶領他們走上特定的生命道路。但如果當事人過於哀傷、身體與精神狀態不適或築起心防，這種通靈解讀方式的成功機率就會比較低。

二、從靈魂讀取資訊或訊息

彼世的靈魂會從他們的觀點分享訊息與洞見，但重點在於這是「他們的觀點」。既然我詮釋的「通靈訊息」來自於靈魂所傳遞的資訊，我就必須相信這些訊息爲眞。

除此之外，由於靈魂使用的語言通常是符號與圖像，如果靈媒不夠謹慎，可能會在轉譯過程中失眞。

我相信最好的通靈方式是結合上述這兩者，而眞正有能力的靈媒，可以用直覺解讀當事人的能量，同時詮釋靈界指引者與逝去親人傳遞的資訊。如果其中一種通靈方法遭到阻礙，或因故無法順利進行，另外一種通靈方法就變得非常重要。從許多角度來說，整合兩種方法可以造就更好的通靈解讀能力。儘管這是我當時追求的目標，可是我沒有任何正式的通靈經驗，也不確定要做什麼才能提升相關能力，但我知道，答案就在小店裡。

爲了提升與生俱來的通靈本能，我必須在小店裡鍛鍊自己。邏輯和直覺都告訴我，在小店裡替人通靈，會是我下一步該做的事情。因此，我必須獲得馬克的同意，讓我在店裡替人通靈。

想當然耳，這引起了馬克的擔憂，因爲我在過去多次的對話中盡可能避免提到自己的通靈經驗。我跟馬克已經認識好一陣子了，但我都沒有提到自己是靈媒，現在卻要求馬克讓我在店內通靈，這肯定會讓我看起來像個騙子。當然，我以前也承受過同樣的指控。

幾天之後，我在小店開始營業時就登門拜訪。我想跟馬克談談，他也一如往常地待在店裡。我很少向人解釋自己的通靈能力。除此之外，我年紀還小，非常內向害羞，只能支吾描述自己與死去的奶奶如何發生第一次的通靈經驗。我提到自己想在店裡小房間通靈的想法，馬克沉默地點頭。我說話的時候，馬克的眼睛看著我，但我讀不到他的想法。這就是我第一次的工作面試經驗吧！

馬克要我當場通靈，好確定我是否眞有兩下子，而不是吹噓騙人。畢竟，馬克必須確保在店裡工作的人是眞材實料。我跟馬克走進店內的小房間，坐在一張桌子前面之後，我開始解釋通靈的過程。當我提到通靈需要一些個人物品，用來協助建立當事人與親人的聯繫，馬克打斷我，提出了一個問題：「如果我想跟某人建立通靈聯繫，用對方的照片就可以嗎？還是一定要用對方擁有的東西？」

我立刻看出馬克手上沒有這樣的東西。在後來的多次通靈經驗裡，我都必須想辦法克服這個難題，只是當時我非常慚愧地擔心著，自己可能沒有辦法在這種情況下順利通靈。

生者的溝通意願，會影響靈界朋友出現的意願。當事人的心胸愈開放，就愈容易通靈成功。如果當事人帶了屬於特定靈魂的物品，每次凝視該物品時，就可以幫助他們專注在想要通靈交流的對象上。通靈帶來的資訊量十分龐大，很容易令當事人分心，而這個物品可以同時協助我和當事人保持專注。

我坐在椅子上，閉起雙眼，兩手交疊，馬克靜靜等待。我專注調節呼吸，準備感應，但一開始卻毫無動靜。我的腦海閃過當初與諾蘭一起練習心靈占卜的情況。當時，我閉起眼睛，手放在背後，諾蘭再把古物放在我的手上。我可以用這種方式知道關於古物的許多細節，例如製造年份、產地，或是誰曾經擁有過這個東西。從現在的角度來看，我們青少年時期的休閒活動還眞是詭異。

片刻之後，我眼前的黑暗變成鮮紅色的數字「二」和一條斷裂的鞋帶。感謝過去的通靈經驗，讓我知道斷裂的鞋帶代表離婚。我向馬克提到他曾有兩段婚姻之後，他也如實承認此事。接著我看到藍色的數字「三」。數字逐漸變成一個看起來幾乎與馬克一模一樣的人，但此人的鼻子鮮紅有斑。這些符號象徵較不鮮明，我必須用最少的誤差，描述眼前所見。馬克隨後證實此人是他的兄弟——酗酒，所以出現了酒糟鼻，而且近日狀況極差。「三」的意義則是馬克有兩個兄弟。

到了這個階段，我已經能夠清楚看見縈繞在馬克腦海裡，對他人生至關重要的深刻事物。幾個短暫的靈視以後，我認爲自己對馬克的認識，已經遠遠超越我與馬克相識以來，他在對話中透露的資訊了。

馬克顯然也感受到了什麼，有些坐立難安。我提到兄弟酗酒所造成的自毀行徑，導致馬克家族感情的瓦解。馬克完全想不到通靈看見的少數圖像，竟然可以象徵這麼多的重要議題。老實說，這也超乎我本人的預料！我克服了缺乏關鍵物品的難題，非常自滿，但旋即看見馬克變得十分脆弱。他已經看見了足夠的證據，可以讓我在店裡工作，但他的心理承受度也到了極限，不能再繼續探索下去。至少，現階段到這裡就夠了。

雖然這次通靈過程非常簡短，但我還是很高興能夠證明自己。諷刺的是，我仍然無法藉由通靈得知馬克對我的看法。一陣尷尬的沉默之後，馬克同意讓我在店裡租一個小房間作爲通靈之用，但條件有二。第一，我必須向客戶收費，並且將費用的四分之一繳回店裡。第二，由於我年紀尚輕，必須取得雙親同意。一開始，我其實不知道哪一個條件比較為難，究竟是向人收取費用，還是要求立場保守的父親同意讓我發揮與死者交談的能力——他甚至不知道我可以做到這種事。但無論如何，我都必須試一試才行。

我先去找母親，詢問她對於我公開以靈媒身分工作的想法，還有應該如何和父親討論此事。我瞭解自己必須慎重考慮馬克提出的要求。我記得如果有人濫用天賦，作為營利用途，可能會因此失去能力，所以事態變得更複雜了。我從來不曾以靈媒為業，甚至沒有持續通靈的經驗，所以還有許多需要學習的地方。但母親向來支持，也鼓勵我做任何會讓自己快樂的事情。

問題只剩下父親的想法了。

比起替馬克通靈，和父親討論此事更讓我緊張。畢竟，馬克經營一間鼓勵另類思考的小店，心胸肯定較為開放，但父親不見得如此。我焦慮等待父親下班回家，同時在紙上潦草塗鴉，把自己的心事畫成靶心，練習對著鏡子講話。父母總說我會成為一位好律師，但現在我卻要挑戰他們對我的期待。無論做了多少練習，我還是無法坦然面對父親的反應。

我向父親說明之後，父親臉上的表情從不解變成質疑。我最後甚至不懂他的表情是什麼意思，也許是憐憫吧？他只說了：「絕對不行。」

取得家人諒解

那天讓我非常痛苦。父親不支持我的夢想職業是一回事，但靈媒不是我自己選的志願，而是我的使命，他卻不允許我走這條路。我也許早該向父親坦承一切，但我不敢去想他會有什麼反應，而這件事情終於證實了我的擔心不是多餘的。

我回到房間，丟掉任何會讓我想起小店的東西，以及所有我從那裡買來的物品。畢竟，當時我還是血氣方剛的戲劇化青少年。對我來說，這些東西的意義重大，是我探索自我的唯一來源。雖然我不知道自己到底相不相信脈輪，但關於印度教的書籍讓我明白，除了學校傳授的僵固信仰之外，還有其他的思維方式，也使我擺脫了漢福德小社區盛行的「恐懼心理」。這些東西散落在房間中央，我再也不想看它們一眼了。

從那天起，我變得很憂鬱，也不太跟父親說話。我深感難過的理由很多，但最大的原因是父親居然看不見我的本質。一切不只是因爲我不能在小店幫助有需要的人，而是不能向父親敞開心胸坦承一切。我們爲什麼會這麼陌生？

父親當然注意到我的情況。到最後，他自己向我提起這個話題，態度也轉爲溫和，於是，我想趁此機會爭取他的認可。經過多次誠心討論並解釋之後，他終於讓步了。

雖然父親還是不能理解通靈是怎麼一回事，但這個舉動證明了，他對我的愛勝過一切。我回答無數的問題，通過無數的考驗，最後是愛讓他接受了我的通靈能力。他同意讓我在小店通靈，我非常高興，但他還是很擔心社區的其他人會怎麼看待我。坦白說，我也有這樣的顧慮。

接下來的幾個月，我開始在小店裡替人通靈。事實證明，那是我人生最重要的轉捩點之一。雖然家人都很支持我公開自己的通靈能力，但其他人會有什麼反應，以及他們會對我的生活造成何種影響，這些都很難說。

挑戰通靈的極限

在小店替人通靈時，有一位剛好散步到門外的老紳士，年約六十中旬，氣質與這間店格格不入，彷彿走錯地方。見到我之後，他的眼神一亮，好像馬上知道我就是他要找的人。

我也立刻明白，自己注定會在他的生命中占有一席之地。生活中偶爾會出現這種徵兆，就像是法語說的既視感或似曾相識。他一邊向我走來，一邊開口打招呼，問我可不可以替他通靈。他是相當特別的人，身上散發的能量非常慈祥可親，且充滿父愛。

他需要通靈的協助，也同意支付通靈費用。於是我便用這筆錢來支付小店房間的租金。我們面對面坐在桌前，我非常緊張。我才剛開始以靈媒爲業，過往通靈的對象大多是女性。在漢福德小鎮，男性比較不願意觸碰另類精神議題，但很多家庭主婦會來找我通靈，想要知道丈夫在外面有沒有亂來。坐在我對面的男士不太一樣，他散發出一股誠摯的熱切關懷。

我開始向他解釋通靈的流程，並且希望他可以稍微聊聊自己。委託人的自我介紹很重要，可以讓一個小時的通靈流程變得更有效率，而我也更能夠妥善發揮通靈直覺，將驗明通靈的方法簡化為「是」與「否」的答案，在通靈感應結束後，再進行詳細的說明。

我聽見了棕櫚樹葉婆娑摩擦的聲音，還有小鳥的緊張鳴叫，感覺好像一場暴風雨即將來襲。我緊閉雙眼，但鮮明的綠色影子取代了眼前的黑暗，照亮我的視野。一道綠光飄揚閃過我的眼前，上面有個污點，靈視變得愈來愈清晰，最後浮現出一個穿著部落服飾的男子。他身上的衣物很少，眼神直直盯著我，嘴巴抿成一直線。眼神也透露出他的年紀。

我正要思考其中意義，畫面卻逐漸消失，回到一片黑暗。我雖然很沮喪，但也只能努力做到最好。

通靈者的交流技巧會影響靈視時間的長短，但我目前似乎還無法完全掌握，有些畫面一閃而逝，來不及捕捉箇中意義，而另一些畫面又停留許久，揮之不去。但我已經學會如何迅速處理、思考各個細節，發揮通靈時每分每秒的價值。

這次的靈視畫面很短暫，我張開雙眼，看見委託人滿懷期待地坐在桌子的另一頭。我在通靈生涯裡看過這種表情非常多次——他在尋找希望，一個特定的訊息，能夠消弭他心中糾結的複雜問題。

我才剛剛認識這位陌生的男士，現在卻要冷靜向他說明，我通靈時看見了一位半裸的男人出現在叢林裡。原本以爲他會對我的說法嘲笑譏諷一番，沒想到他聽聞後卻淚如雨下。

我知道他的自尊心甚高，現在就像釋放了多年壓抑的情感，在我面前流淚顫抖。他也證實了叢林的半裸男子相當重要，不是他的愛人，而是當年的心靈導師。

爲了進行心靈探索，他曾經踏上南美洲，向當地的巫醫和長老學習知識。叢林的半裸男子就是當年的長老。長老在幾個月前過世了。雖然我只有看見這些，但對委託人來說卻具有非常重大的意義。他覺得自己再度感受到心靈導師和啓蒙之光。

對我來說，無論委託人尋求的是什麼，不管還有多少待解的問題，起碼我找回了他的心靈導師，這點已讓當事者感到非常欣慰。這次的通靈，也證明他們之間的情感超越了生死。我與委託人都因而感到寬慰。

互道再見時，我內心湧起一股強烈而熟悉的感覺。我猜測這是指引者正在提醒我注意，這次的通靈經驗還有一些事情，值得我往後學習。有時候，通靈會讓我覺得自己既是老師也是學生，這次的經驗就是如此。

幾個月之後，我果眞與他重逢。我當時在小店讓許多人問事，另一方面，也決定讓自己的人生步伐更爲謹愼踏實，所以我準備報名本地大學的護理先修班。就在報名日當天，我遇到了當初那位紳士，心裡非常驚訝，原來他是該所大學某個學院的院長，已經快要退休了。他當然記得我，而且非常訝異我想就讀護理先修班。他說，如果我有這種天賦，爲什麼不乾脆成爲專業靈媒呢？

我們聊了一陣子之後，我按照原訂計畫，報名了大學課程。回家後，我開始覺得這天的重逢是命中注定。雖然我非常渴望讀大學，也知道自己可以學到很多知識，結交新朋友，可能還會找到未來的職業方向，但我的直覺卻對另一件事情更有興趣。

這位以教育爲職業，並且理解教育價値的紳士，他的建議當然有助於我確立自己的想法。與他重逢讓我明白，護理或許不是我命中注定的職業。在那個時候，光是以靈媒作爲全職工作的想法，就會讓我非常害怕。假如我的職業志向是成爲臨終安養醫護人員，應該能夠得到很好的薪資和相當不錯的生活品質，也可以偶爾發揮通靈天賦，還能保有隱私。如果我眞的以靈媒爲業，因此聲名大噪，就不太可能保有我現在這種寧靜的生活。不過，我會不會因此出名還很難說。

種種暗示不約而同地出現，讓我下定決心試著挑戰自己能力的極限。如果通靈是我命中注定的使命，我就得看看自己可以做到什麼程度，找出能力足以負擔的範圍，並且清楚明白應該怎麼調整未來的追求方向。

我決定先舉行每月一次的免費團體通靈，看看漢福德居民的反應。這也是磨練通靈能力的方式，因爲我必須聆聽其他人的回應，證明通靈的眞實性。我還想把這些經驗分享給心有懷疑或害怕與我一對一通靈的人。於是，我邀請父親參與第一次的團體通靈。

我和母親預估會有三十名左右的來賓，於是在小店樓上的房間準備了相當多的座椅。令我們驚訝的是，人潮馬上就洶湧而來。我和母親一起等待父親大駕光臨。

就在陌生人湧入時，我沒看到父親，卻突然看見一張熟悉的臉孔，她是我小學一年級的老師惠摩爾太太。她立刻認出我，給我一個擁抱。我記憶中的惠摩爾老師相當嚴苛，還記得以前上課不專心時常被她責罵。看到她在人群裡的模樣，我相當訝異。她比我記憶中的模樣年邁許多，也少了幾分懾人的感覺。

她說自己只是剛好經過附近，注意到排隊參加這次團體通靈的人潮。到了這個時刻，鎮上許多人已經知道我長年保守的祕密，惠摩爾老師也不例外。事實上，老師掩蓋不住她的好奇心。

「泰勒，你在我身上感應到什麼？」老師直接開口問了。

我想答應老師的通靈要求，卻靜不下心，滿腦子都是馬上就要在家鄉進行第一次大規模團體通靈的事情。但話說回來，惠摩爾太太是我以前的老師，我還是想滿足她的要求，因此我請她到旁邊較爲隱密的地方，爲她進行通靈。

我帶她到旁邊的小房間。兩人靜靜坐著。惠摩爾太太原本是我的老師，一位非常有威嚴的人物，但如今我卻要向她展現最深層的自我，這令我感到相當難爲情。但老師非常坦然開放，也渴望聽到我的通靈所見。或許，她今天經過小店並決定上樓看看，背後也有命中注定的理由。

我閉上眼睛深呼吸，安靜坐著，想要開始通靈連結，卻絲毫沒有任何反應。我開始感受到難以負荷的焦慮，擔心自己沒有任何感應。我要怎麼跟在外面房間等待團體通靈的一百多位群眾解釋？愈是想要分析眼前情況，我愈是恐懼。我可以感受惠摩爾老師的視線從桌子對面傳來，正在等待我的答覆。

如果今晚的團體通靈徹底失敗了該怎麼辦？我的感應通常都是順其自然。在這個時候，我覺得自己與靈界前所未有的疏離。腦海裡的絮語和焦慮只會讓淨空心思的過程更加困難。

爲了完成通靈時的目標，我反而不能在心裡預設通靈會帶來什麼樣的結果，但我在後來的職業靈媒生涯裡才慢慢體會到這個道理。時間一分一秒地過去了，氣氛開始變得尷尬。突然，桌子對面發出一道聲音，打斷了我內心的慌亂。

「聽好了！不要想太多！」惠摩爾老師說。我本來就不喜歡她斥責我，而我正在替她通靈，當然更不想看到她生氣。我不敢張開眼睛，只能小聲說自己需要一點時間整理思緒。這時突然出現另外一個聲音說：「慢慢來，享受這段寧靜的沉默吧。」我訝異地張開雙眼，一陣冰涼從脊椎傳到手裡。我沒有看見任何靈視畫面，我跟老師像是被時間暫停了，而那個清晰的聲音說：「我的孫女羅患了子宮癌，情況非常危急。」

這個明確的訊息讓我驚訝無比。第二個聲音應該是惠摩爾老師的祖母，而且只有我聽得到。以前通靈從來沒有發生這種情況，也不曾如此鏗鏘有力。我毫無準備，手足無措，根本沒有辦法把噩耗告訴惠摩爾老師，只能勉強開口建議她去看婦產科醫生。她蹙眉說：「你確定？我最近才做過定期健康檢查，身體很健康。」我反而更難為情了。我很肯定自己聽到了什麼，但這個話題太敏感，我只能做到能力範圍允許的事情，也就是建議老師去找第二位婦產科醫生做檢查。

方才清澈的聲音再也沒有出現。我很挫折，只好說自己沒有感應到其他事情。老師看來非常失望。我的通靈沒有滿足她的期待。我開始明白一件事情，身為傳遞通靈訊息的媒介，有時必然會承受失望。我無法控制自己會聽到什麼訊息，只能選擇要不要傳遞。

我踩著猶疑的步伐離開小房間。走進活動場地的時候，所有人的眼光都聚焦在我身上。現場座無虛席，甚至有人願意站在後面觀看，還有更多人在門口排隊，全都希望能夠藉由通靈與靈界接上線。

有些人帶著逝去親人留下的東西，另外一些人則帶著親人一同前來，盼望可以創造更強烈的親情聯繫。群眾的興奮在擁擠的房裡喧囂而上，不但沒有鼓勵作用，反而加重了我的負擔。這還是我生平第一次害怕在人數眾多的情況下，無法正確詮釋靈界訊息。更糟糕的是，連父親都在這個時候出現了。他和母親一起坐在後方。我以後還會在小鎮四處、學校和整個社區裡見到今天前來參加的人，假如事情發展的不順利，我哪還有臉見人？我的父親也有一樣的困擾。我已經無路可逃了。

我不知道從何開始，只想消化恐懼的心情，覺得自己根本沒有準備好面對眼前的一切。然而，當我開口向群眾解釋通靈的過程之後，奇蹟發生了。我看見許多靈魂以清澈簡明的姿態出現，就像有人打開了通道的開關。我的思緒清晰，一連說了五個小時。現場大約一百人，我持續替超過六十人通靈，時間過得飛快。

我在大規模的通靈經驗裡發現了一件事情，我會專注於傳遞靈界的訊息，分享資訊之後則馬上會將焦點放到下一個人身上，根本無法思考自己傳遞的訊息會造成什麼影響。父母坐在人群後方默默看著，就算我想，也無暇觀察他們的反應。

通靈意味著我必須將腦海淨空，迎接每個來自靈界的靈魂，因而完全無法察覺周遭情況。一位老女士的妹妹將自己的靈魂化身爲小孩的模樣，說她死於一場悲慘的騎馬意外。我還來不及把這件事情說出來，注意力就被另一位坐在後排的男子吸引，他的模樣相當嚴肅，雙唇緊閉，似乎不想透露任何訊息。此時出現了一整群帶有父親氣質的靈魂，表示他們生前全都飽受心臟疾病的折磨。他們希望我讓這位男子知道，他的心臟情況也相當危險。我暫時無法從男子身上獲得任何驗證，只好隨意交談，但他的妻子打斷我們之後說：「他已經做了很多次心臟手術。家族也有心臟病史。他只是不想承認。」

男子害羞地笑了，承認自己其實知道我在說什麼。我繼續傳遞各種資訊給其他人。夜色漸深，人潮來來去去，這是小店舉辦過最成功的活動之一。無論馬克對通靈的想法如何，顯然都很喜歡店內人氣熱絡。活動結束後，參加者熱烈地向馬克傾訴了通靈後的想法。馬克喜形於色，我也感到輕鬆無比，第一次的團體通靈十分成功，但也非常累人。

父母親中途先離開了。當晚回家時，我看見他們坐在沙發上等我。父親眼中帶淚地說，在通靈會場看到參加者的反應，讓他感觸良多。參加者問他無數問題，但他自己卻從來沒想過要問我同樣的問題。這是父親第一次發現通靈竟然可以療癒別人心裡的痛苦。參加者得到個人驗明，相信彼世親人正在與自己交流，而我就是讓他們得以交流的靈媒。父親深受感動。從那天起，父母非常支持我把通靈發展為全職工作和個人生命目標。我原本覺得自己很邊緣而且受到誤解，只不過一天的時間，現在終於可以向父母坦承自己的身分，並且維持彼此開放的關係。我的靈媒身分引起許多人的注意，我卻不知道怎麼應對，但我現在終於成為家人心中的驕傲。

距離第一次團體通靈活動將近一年之後，我的電話響起。我認不得螢幕上的號碼，原本不打算接。就在轉入語音信箱前的最後一次鈴響時，我還是接了。電話那頭的聲音有些熟悉，但我不確定是誰。接起電話之後，才發現是團體通靈時遇到的惠摩爾老師。她在電話裡說，她在通靈之後向家人提起我說的事情，雖然實在不想做第二次健康檢查，但家人認為多檢查一次也沒有損失。如果她沒有去做第二次檢查，就不會及時發現自己罹患了第三期子宮癌。經過縝密的醫療，惠摩爾老師已經逐漸康復了。她認爲通靈救了她的命，我說：「要感謝的人應該是您的祖母，是她告訴我的。」

通靈顯現的重要驗明證據之一是委託人的身體健康資訊。我當時不知道爲什麼會如此，但也不覺得自己有必要完全理解，其實只要可以幫助別人就夠了。

多次通靈以後，經由口耳相傳，有更多人前來找我問事。有時我一天會連續進行八次通靈，時間長達好幾個小時，相當耗費心神，覺得精疲力盡。然而，爲了測試自己的極限，我還是咬牙努力去做，爲的是更加理解通靈第六感。

我後來才學會如何調整自己的步調。但以目前來說，父母的全力支持，加上漢福德小鎮的居民已經接納了我的獨特能力，我第一次覺得自己正在實現人生的目標，而且不必躲躲藏藏，可以坦然面對群衆。

只是，當時的我完全想不到，日後會有這麼多人注意到我的通靈能力。

註釋

①昆達里尼的梵文原意是「捲曲」，在印度瑜伽的領域裡則是指一種力量，以女神或沉睡的蛇作為象徵。印度瑜伽相信藉由修練，人得以喚醒潛藏在身體內的昆達里尼，達到梵我合一的境界。

②吸引力法則是新時代思想哲學中，主張人可以藉由專注在正面或負面思想，而得到正面或負面生活經驗的想法。這個想法的基礎建立在人與其思想全都來自於「純粹的能量」，因此正面的能量能夠吸引相似的能量，藉此改善健康、財富與人際關係。

第 三 章

生與死的交界

外公過世

十八歲生日過後，我的通靈生涯突飛猛進。短短不到兩年的時間，我從原本只在漢福德小鎮替人通靈，到現在幾乎每個週末都有車接送我到洛杉磯，替其他委託人通靈。

我的通靈事業一飛衝天，父親的生意卻落入谷底。儘管他每天出門上班時，還是故作充滿活力的樣子，但是我們家中的財務狀況變得很糟，母親還必須找份兼差的工作賺錢。自我有記憶以來，這是母親第一次出去工作，也意味著以後我見到她的時間更少了。同時，這個時間點也非常關鍵，因爲我已經是十八歲的法定成人了，得承擔更多責任才行。

身爲靈媒，我沒有辦法爲了承擔這份特殊責任，做好萬全的準備。靈媒的責任包括傳遞自己接收的感應，即便是遇到複雜的情況也不例外，然而這卻會影響我和父母的關係。他們雖然很支持我，但完全不知道我究竟可以做到什麼程度。有時候，我會感應到父母很私密的往事。他們是我的父母，這樣的情況當然會讓我有點尷尬。一定程度的尷尬我還可以應付，但我卻無法承受在早晨因爲感應到外公的狀況而驚醒。

外公的身體向來很好，只是媽媽在某個上午偶然提到外公最近較常咳嗽。我完全無法想像硬朗的外公會有任何身體不適。雖然我假裝對母親說的其他話題很有興趣，但胸口卻愈來愈緊繃。這種感覺不像罹患肺癌，反而有點類似曾在小時候折磨我的氣喘，但又不太一樣，這究竟是什麼病？過敏嗎？不是，是其他的東西。

我請母親打電話給外公，叮嚀外公要去看醫生。比起胸口的緊繃不適，我內心的憂慮更令人不安。不舒服的地方在胸口一帶，這點毫無疑問，只是我直覺感應到的狀況絕對不是小小的咳嗽問題而已。就好像我的內心冒出一個從未有過的訊息。我不懂自己爲什麼會有這種感覺，更糟糕的是，如果我的感覺是眞的，那麼實際狀況到底是怎麼一回事？

那天晚上，我沮喪地上床睡覺，甚至搞不清楚自己是爲了什麼心情這麼差。這些不解與困惑讓我很不開心。情緒在我腦海裡起起伏伏。知道即將有悲劇發生，這已經讓我心裡非常不好受了，而看不清楚到底會發生什麼事情，又讓情況更加糟糕。比起毫不知情，一知半解才是眞正沉重的負擔。

然而，某程度上我其實心知肚明是怎麼一回事，只是遲遲不肯面對。徵兆就在眼前，我卻不願相信徵兆代表的意義。隔天早上起床，睡前抵抗的壓力仍然存在。就在那時，我心裡感覺到一個尚未發生，卻又好似回憶一般歷歷在目的事實：外公的生命只剩下七天了。

這讓我想起了奶奶。沒想到將近十年之後，同樣的事情又在外公身上重演，我感到很意外。而這一次，我有更多時間，能夠把這則訊息傳遞給親人。爲什麼我永遠都是那個要公布壞消息的人？假如可以提前知道這一切，可不可以幫助外公逃過死劫？

母親當然難以接受這個訊息。隔天，我拖著沉重的步伐走到廚房吃早餐，把外公只剩下七天壽命的消息告訴母親。這件事情聽起來是那麼的荒誕，因爲外公早上才在電話裡說自己身體好多了。母親很震驚，但我已經有豐富的通靈經驗，知道在任何情況下都要相信直覺。

儘管向母親坦承這一切令我天人交戰，但事後卻證明，這是我傳遞過最好的訊息之一。過了幾天，外公的輕微咳嗽已經惡化成肺部病變，甚至無法下床行走。到了第四天，外公被送入醫院。

雖然外公住院了，但我想沒人相信我的通靈直覺。因爲我感應到的事情實在令人難以接受。在大家的記憶裡，外公向來是個硬朗的人，身體怎麼可能會出這麼大的問題？

但外公的身體眞的出了狀況。第六天，外公失去意識，只能靠人工呼吸器維繫生命。不到一週的時間，母親原本還能到外公家跟他談天，現在卻必須守在病床旁，等著陪他走完最後一程。

她還得思考一個艱難的問題，要靠機器維繫外公的生命，還是關掉機器，讓外公離開？看著眼前的一切，我想起早期一位指引者給我的啓發：靠著機器維繫生命就像被上手銬一樣不自由。

母親最後選擇了放手，讓外公自由。第七天，外公嚥下了最後一口氣。由於提前一週知道外公會離開，母親心裡反而得到了撫慰。她知道外公的死亡是命中注定，無可避免。事前得知這項事實，讓她可以把握剩餘的時間，用最好的方式向外公道別。諷刺的是，當我體認到外公其實不太清楚他的身體狀況時，我竟也忽視了自己的問題。

全家人都陷溺在失去親愛外公的深刻悲傷，注意力全在他的身上。母親一邊強忍痛楚，一邊忙亂處理工作和外公離開之後的各種法律程序。我們一家人非常心煩意亂，我也因而輕忽了右眼後方反覆出現的頭部陣痛。我有這麼多事情與情緒要消化，頭痛當然不會引起我的注意。

直到醫生說我可能會因此喪命之後，我們才知道這個問題非同小可。我躺在加護病房的病床上，思忖一切多麼詭異。不到二十四小時前，我還在慢跑兩英里之後，整理自家的花園。現在護士卻說我不能移動走路，以免腦部會因而受損。

原本只是輕微的頭痛，卻惡化成相當嚴重的問題。大家一開始都以為我的頭痛是過敏造成的。會這樣想很合理，因為當時是過敏好發的早春季節。而我不需要替人通靈的時候，就會花好幾個小時整理花園。

在花園中，我可以直接接觸大自然，被大自然所圍繞。這裡不但是冥想的好地點，也是讓我紛亂心緒能夠稍微靜下來歇息的地方。

隨著日子一天天過去，我的頭痛逐漸惡化，心靈也愈來愈不平靜。剛開始頭痛的那幾天，我先去找本地的驗光師。他仔細檢查我的眼睛，看不出任何異狀，覺得應該只是季節性的頭痛。

兩天後，一陣灼熱的刺痛感從頭頂傳入我的脊椎。母親只好請假，開車帶我到市中心接受脊椎骨神經醫師的檢查。醫師幫我調整了一下脖子，認為這種隨機陣痛可能是背部不適所引起的。雖然幾位醫生都提出不同的意見，但我突然想起大約三個星期之前，那時我還沒有頭痛問題，跟母親一起坐在車上，問起了當初早產的痛苦回憶。

母親提到，當我還是嬰兒時，曾遇過一次意外，當時的醫生說，這可能會導致我的腦部出現動脈瘤。除此之外，出生時的嬰兒檢查也顯示我的腦部底層可能有出血的情形，但第二次掃描之後，醫生認為首次的掃描結果是錯的，無須擔心。

這是我第一次知道這些事情，至此後，我內心浮現一種無法擺脫的擔憂，害怕嬰兒掃描時出現的腦部陰影會再度對我造成傷害。但母親再三強調不可能會這樣，第一次的掃描結果只是檢驗儀器失常。

「我們應該再檢查一次。」母親開車時，我不經意地說。

「小泰，不要說這種話，你太疑神疑鬼了。」母親說，彷彿再度想起失去獨子的恐懼是多麼沉重的心理負擔。

然而，正如一切預兆所示，三個星期之後，母親還是要承受可能失去獨子的恐懼。我走進急診室，臉部毫無知覺，連話都說不好。一開始，我們以為只是偏頭痛，吃藥就會好轉。直到第一個護士聽到我的症狀之後，連忙出去找另外兩位醫生，母親才驚覺事態嚴重。

罹患腦膜炎

醫生說我必須緊急接受穿刺檢查，看看是否罹患腦膜炎。腦膜炎奪走了許多年輕人的生命。醫生在旁討論時，我發自內心知道這不是腦膜炎，做穿刺檢查只是浪費寶貴的救援時間。

我不同意醫生的決定，拒絕接受穿刺檢查，堅持要求醫院替我進行腦部電腦斷層掃描。幾番討論之後，每個人都不接受我的想法，認為我非常魯莽。一位護士說：「我們可是受過專業訓練的醫療人員。」這句話說出了現場每位醫療人員的想法。

最後，醫療團隊同意替我進行腦部電腦斷層掃描，如果檢查不出問題，我就必須接受穿刺檢查。最後我並沒有接受穿刺檢查。斷層掃描之後，一位我從未見過的醫生衝進病房裡，他說的事情把母親給嚇壞了。

醫生說話的語氣總是讓人坐立難安，這位新來的醫生也不例外。他說：「如果一個人變成急診室裡的有趣案例，通常不是好事。我很抱歉，今天最有趣的案例就是你。」他繼續說：「我們在你的腦部斷層掃描裡發現了陰影，必須將你轉到別的醫院。還有，你的大腦有腫脹的情況，我很擔心這件事。」

母親聽了眼淚潰堤，哭到上氣不接下氣，只好先離開病房。我坐在輪椅上被推往救護車，準備轉診到車程距離一小時的醫院，去做核磁共振，詳細檢查腦部掃描時出現的陰影與腫脹情況。

醫生用了一根小木棒敲打戳擊我的臉、手與雙腳之後，發現我出現輕微的中風病徵。這可不是個好現象。一切發生在十分鐘之內，但我沒有害怕的感覺，只希望自己快點治癒。面臨中風的風險，我絲毫不害怕。

令我打從心底感到恐懼的，是沒有人知道，腦裡如葡萄般大小的陰影究竟是什麼東西。每個醫療人員給我們的答案都一樣：請耐心等待診斷結果並且接受治療，如果是惡性，要接受化學治療，倘若是良性，還是需進行腦部手術。

一切都發生在這個星期，幾天前，我只不過有點頭痛，如今卻惡化成如冰刺眼般的痛苦。這也反映出腦內的實際情況，我的大腦正在腫脹，壓迫到頭骨，才會造成頭痛。

詳盡檢查之後，正式的醫療報告認爲是腦水腫。我的腦裡長了良性的蜘蛛膜囊腫，造成腦室內的腦脊液無法順利流動，腦部因而產生腫脹、部分顏面癱瘓以及近日發生的各種病徵。醫生決定進行緊急腦部手術處理蜘蛛膜囊腫，讓腦脊液可以順利流動。斷層掃描看見的陰影就是蜘蛛膜囊腫。我出生時就有囊腫，但一直沒有病徵，直到囊腫阻礙腦脊液流動，才造成腦水腫。

住院的第一天晚上，我必須小心翼翼，完完全全不能移動身體。我也一邊思考著，爲什麼一切來得這麼突然？

面對死亡

面對死訊，沒有任何東西可以讓你做好準備。有時候，人們會談自己面對死亡時的反應，我也不例外。但事實是除非你眞的遇到了，不然根本不可能知道自己會作何反應。

我面對死亡時很冷靜，因爲我知道反應過度沒有好處，而且我不想增加腦部承受的壓力。更糟糕的是，這是通靈能力覺醒之後，我第一次進入加護病房。好幾年來，我盡量迴避醫院，因爲這裡充滿高強度的精神靈動。人們通常都以爲墓園才是鬼魂最愛聚集之處，實際上，靈魂喜歡留在熟悉的地方。大多數人都在醫院度過生命最後的幾個月，如果死者的靈魂還有留戀，沒有完全移轉到彼世，自然而然會留在醫院。人的遺體確實是安葬在墓園，但靈魂與墓園其實沒有什麼深切的關係。

待在加護病房的第一個夜晚，是我人生至今最難過的一關。每小時會有一個醫師來叫醒我，替我做基本行動能力檢查。後來我才知道，這些檢查的目的是為了確保我不會陷入昏迷。服藥只能稍微減緩令人精神耗弱的頭痛，而且頭痛讓我受不了各種聲音與光線，造成噁心、不適，根本不能好好睡覺休息。

我今晚的精神狀態不太穩定，但還是從病房門上的窗戶，看到外面黑暗的走廊時常出現一個男子身影。我起初未多做聯想，猜測應該只是一位護理人員或病患。清晨將近，男子每隔幾個小時出現一次，旋即又不見蹤影好幾個小時。

愈是接近天亮，我愈是疲倦。其中一個原因是醫生每個小時都會來叫醒我，替我做檢查，所以我根本沒辦法睡覺。但頭痛引發的症狀消耗我的精力，讓我臉上每吋肌膚痛苦萬分。恍惚之間，我唯一記得的是病房外的神祕男子。他更靠近病房了，甚至會把一隻手放在房門的玻璃窗上，只是我仍然不知道他的身分。雖然精神狀態不佳，但我已經知道對方絕非一般人了。

在短短四十八小時內，我的身體狀況一落千丈，院方決定採取緊急措施，用醫療鑽頭處理囊腫造成的阻塞，好讓腦脊液能夠順利流動。由於囊腫的位置相當靠近腦幹組織，院方也必須執行額外的措施，確保手術能夠順利進行。時間一分一秒過去，我開始無法感覺晝夜變化，醫生每小時的定期檢查和門外神祕男子的身影，反而可以讓我知道時間的流逝。

我似乎是唯一能夠看見男子的人。就算我的身體狀況極差，靈視與感應仍如潮水捲來。我感應到許多稍縱即逝的訊息細節，也很肯定知道無論自己的身體狀況如何，靈魂仍然想要現身交流。我愈來愈常看見神祕男子把手放在房門窗上，至少還沒有穿越房門，這點令人欣慰。

到了預定進行手術的當天早上，我連抬起手臂的力氣都沒有，更遑論詢問門外的神祕男子究竟是誰。手術之前，我的腦海突然急速想起清醒時看見的其中一個靈視畫面。我看見醫院頂樓的雨水反射出耀眼的光線，但當時加州正在經歷一場旱災，而且我被送來這家醫院時的天氣十分晴朗，所以這個畫面令我非常驚訝。第二個感應到的是聲音，非常大聲，就像牙醫診所使用的鑽頭。過了半秒鐘，我的視野突然轉移到門外的神祕男子身上。我從他的視線，看見了虛弱的自己躺在病床上，全身插滿管線，四周全是醫療儀器。我看見自己的身體，卻覺得非常陌生，而且非常害怕，因爲我身上的能量正逐漸消失，生命力也消耗殆盡。

後來我才知道，很多瀕臨死亡的人都說自己看到來自於另一個世界的靈魂，但不一定是家人或親人，也可能是陌生人。一般來說，如果人的死亡機率提高，靈魂愈是可能跨到靈界，感應靈魂的能力也會隨之提高，彼此交流的能力也會變強。看見彼世靈魂之後，將死之人會明白，自己並不孤單，彼世靈魂會帶他離開。

病房外的神祕男子應該就是彼世靈魂。他正在等待，如果我的健康持續惡化，最後死去，他就會帶我離開，協助我的靈魂順利前往彼世。由於我的健康每況愈下，所以他靠得愈來愈近，直到最後可以穿過窗戶玻璃，帶我離開。

我的血壓急速下降，醫療儀器的警示聲愈來愈大，眼前沒有任何希望。在這個時候，我內心深處的某個東西改變了。所有的恐懼不復存在，我也不再奮力抵抗。我才十八歲，雖然不想放棄美好的生命，但也知道自己沒有任何力量能控制一切，於是決定停止與病魔對抗。我還記得自己的心跳變慢，開口質問彼世指引者：「爲什麼現在就要帶我離開？」但沒有任何回應。

不久之後，我被推進緊急手術房接受囊腫切除手術。從血壓下降到緊急手術，我記得的事情不多。我沒有祈禱，沒有跟任何人說再見，也沒有留下任何遺言，只想活在當下。我其實不在乎，也沒有任何戲劇化的激烈感受。死亡不是結束，我知道生命還會繼續存在。我沒有辦法用語言形容當下的滿足。一切看起來都不重要了。一切都會沒事。

從瀕死狀態中歸來

我醒了。原來我沒死，我還活著。無情折磨我的頭痛已經徹底消失，我覺得很輕鬆。雖然對我來說好像才過了幾秒鐘，但其實我接受了六個小時的腦部手術。手術很成功，他們甚至不需要剃光我的頭髮。

待在加護病房休養的時候，我很少看到其他病人，因為這裡大多數的病患都昏迷不醒，或是服用了鎮定劑。雖然我的情況也不甚良好，但看見別人極為惡劣的健康狀態，我知道自己很幸運。我是加護病房裡最健康的人，更重要的是，我知道自己一定可以康復回家。許多加護病房的病人已經沒有回家的權利，連希望都是一種奢侈。

某天晚上，我聽見女人的哭嚎聲。她的親人，我猜是兒子，坐在輪椅上，由一群醫護人員推往手術房。那位男孩遭到了槍擊，年紀沒有比我大多少。我後來無意間聽見護士談起，才知道男孩捲入了幫派紛爭。悲慘的是，男孩只能用醫療儀器維持生命。他的家人跟我的父母都在醫院大廳等待。

訪客時間到了，母親可以進來加護病房看我。聊起那名男孩，我才知道他的情況比我更糟，也同時產生一股奇異的抽離感，讓我暫時不再思考自己。耳聞男孩的情況愈來愈不樂觀，我開始思考他的靈魂何時會前往彼世。看樣子，他的家人必須接受事實，選擇關閉醫療儀器，讓男孩的生命結束。我向母親提起男孩的家人必須做出悲慘的艱困決定，也開始覺得不該抱怨自己的情況。母親當晚回家休息，我卻整晚無法入眠。

我內心明白自己得到了第二次的機會。我坐在輪椅上，被醫護人員推過醫院大廳，看到那名男孩的病房空無一人，知道他沒有這麼幸運。我出院的那天早上，外面正在下雨。我看見生命用無盡的方法重新運轉，最重要的是，就算外公走了，生命還是會繼續。宇宙在短時間內傳遞了很多訊息，協助我尋找更寬闊的視野。

幾個月以前，我才剛開始承擔失去提姆的痛苦。接受腦部斷層掃描時，我從父母臉上焦慮、想尋求解答的表情看見了提姆。我的幽閉恐懼症非常嚴重，被送入斷層掃描儀的時候，卻聽見了提姆的聲音叫我不要害怕。我恐懼極了，不知道下一秒會發生什麼事情，而那正是提姆一生的寫照。我也因而學會了必須用一生才能明白的體悟。

看見通靈的價值

從更深刻的角度來說，我的瀕死經驗，證明了通靈這條路的價值。如果我可以用任何通靈方法，讓那位必須親眼目睹兒子死去的女人，從痛苦中得到解脫，那麼我的生命就有了目標。

我看見父母如何面對失去兒子的痛苦，才知道自己多麼接近死亡。我曾經誤以爲與彼世靈魂交流就已經接近過死亡了。蜘蛛膜囊腫雖然是天生的腦部病變，但我相信它會在這個時候造成健康問題，是爲了協助我開闊眼界。我會繼續努力，更清楚地理解與我溝通的彼世靈魂，在死亡之前曾經歷過什麼。

更重要的是，這次經驗讓我親眼目睹，人們如何面對死亡、失去和哀悼親人。瀕死經驗，讓我更深刻理解到生命本身與延續生命的意義。

第 四 章

從漢福德到好萊塢

人生的十字路口

多年來，我的通靈經驗持續累積，也開始面臨到人生與未來方向的抉擇。通靈原本只是課餘興趣，現在卻變成了職業發展的機會。一天之內，能夠用來上課與通靈的時間已經完全不夠了。無論我多麼努力，總是沒辦法在求學與通靈之間維持完美的平衡。話雖如此，想要成爲全職的專業靈媒仍是孤注一擲，而且還得解決許多深切的問題。

到了這個時候，我已經熟識許多名聲響亮的靈媒，也清楚他們的生活形態與面對的挑戰。我知道自己的能力絕對合格，也更有自信能夠完成大規模的團體通靈，即使面對觀眾人數的壓力，也一定可以流暢地傳遞靈界訊息。

然而靈媒是一份獨特的職業，其中蘊藏的義務與期待，絕非其他職業能夠相提並論。舉例來說，無論是褒是貶，職業靈媒都必須坦然接受公眾評論。想要在靈媒世界成功，也意味著要善用媒體、能見度與曝光率來打造自己的職業生涯，換句話說，就是要接受公開檢驗。

知名靈媒約翰．愛德華在通靈時，採用了非常嚴格的驗明標準，但我沒有自信能夠如此遊刃有餘地完成通靈。如果其他人站在我的角度思考，肯定會明白好好上學，找一份平凡的工作，低調地通靈，才是最合理的選擇。

我也知道不該就此埋沒通靈能力，但我非常害羞，當時又怎麼會知道往後會發生一件事情，強迫我迅速克服這個問題呢？除了通靈之外，我其實沒有什麼開口說話的需求。

我兩天去一次大學上課，上課時做筆記，很少開口發問，不是因爲我沒有問題，純粹只是因爲我找不到適當的時機。我在高中時曾被霸凌，所以不喜歡在上課時提問，也因此內心傷痕累累，還以爲這是常態。

我拚命調適，同時得面對自尊心嚴重受挫的問題，所以對未來充滿了矛盾與衝突的想像。我很不安，但不是因爲居家照護工作無法實現人生價值。我的身邊都是努力學習護理的學生以及即將就業的準護理人員，他們充滿熱情、全心奉獻並且由衷相信自己從事護理工作的使命。

但我的使命絕對不是護理工作。

找到自己的使命

我當然也注意到了一件弔詭的事情。我可以洞悉他人的生命，卻看不清楚自己的人生。年紀大我三倍的成年人花錢聘請我擔任靈魂嚮導，但我自己的人生卻一片茫然。

我覺得很沮喪。整間教室坐滿新生，每個人都想找到自己的人生方向。這是所有人必經的課題，不是靈媒才有。不過我還有一份別人沒有的負擔，就是大家都認為靈媒一定無所不知。

選擇職業志向時，人人都會恐懼，萬一我們選錯了該怎麼辦？即便是聰明絕頂的人，在面對這種壓力時，也會質疑起自己的選擇。求學與通靈占據了我生活所有時間，使我內心的衝突愈演愈烈，難以找出正確的答案。我很務實，也知道想要同時兼顧求學與通靈，最後只會兩頭落空。我不想放棄，或者說，我還沒有辦法做出選擇。

我試過在通靈的空檔讀書，但結果卻是在上課時間回覆客戶的電子郵件，而不是專心做筆記。課餘的時間如果不是在通靈，就是在思考與通靈有關的事情。隨著委託數量的增加，我甚至認眞思考是否要聘請一位祕書來安排行程。聘請員工是一個重大決定，代表我必須開始負責，同時要信任祕書處理我非常不善於有效安排的事宜。我的通靈事跡大多是口耳相傳，但我也逐漸收到來自於世界各地的電子郵件，希望我替他們通靈。有些委託人的信件內容是攸關失去至親與陷入絕望的深刻故事，另外一些只是洽詢可以在何時何地與我相會。

大多數的信件都會附上他們逝去親友的照片，並且懇求我證明他們在另一個世界過得安詳寧靜，這點令我相當訝異。委託人提出的悲劇故事與絕望請求絡繹不絕，我愈來愈無法負荷。回覆了一次信件，委託人就會纏著我討論更多次。倘若無法回覆每位陷入悲傷的人，我會覺得有罪惡感。

無論如何，我還是盡力而為。每個週末，母親開車載我前往南加州的洛杉磯替委託人通靈。我當時雖然已滿十六歲，但對於考汽車駕照這件事毫無興趣。一開始只是因爲方便，況且我和母親也很喜歡與彼此相處。

但隨著日子過去，我發現自己坐在母親開往南加州的車裡，會自然而然地接收到各種靈視與感應。假如我是自己開車前往南加州替委託人通靈，可能會因而無法專注開車，不但對委託人不好，也會對其他用路人造成危險。

參加選秀

在洛杉磯的某個週末，有人把我介紹給一位經理人。這位經理人希望我去參加選秀節目。我從沒想到會有這種事。我知道自己不是當藝人的料。我說話的音量很小，歌唱能力也是洗澡時隨意唱兩句的那種等級。

我實在不想站在舞臺上，對著一群表情不耐煩的觀眾表演自己的能力。我比較喜歡私下一對一通靈。除此之外，其他人表演的才能更常見，我是唯一一個靈媒，別人會笑我的。

選秀節目活動當天，我內心深處突然燃起了一股衝動：「或許試試也無妨吧！」這股感覺強烈到足以讓我克服擔憂與害羞。我突然明白，自己命中注定屬於那個舞臺。

我克服了恐懼，走進擁擠的活動會場，報名參加試鏡。現場的燈光昏暗，我又驚又怕，稍微瞄了一下，發現現場差不多共有六十個座位，全都坐滿經紀人或經理人，他們拿著筆記本，忙著替每位表演者打分數。

我坐在後排，看著一位又一位演員接連上臺獨秀，還有激勵人心的音樂家、童星和詩人，全都使出渾身解數奮力表演。他們心裡很清楚，這是自己人生的轉捩點，也是最好的機會，可以讓底下的經紀人注意到自己。這些經紀人有可能就此改變參賽者的一生。

我敬佩他們的熱情，自己卻沒有同樣的感受。坦白說，我想要這場選秀活動早點結束。我根本不需要經紀人，更別提替我處理事業的專業經理人。我眞正需要的只是一位安排行程的祕書或助理。我只是想要把握這次機會克服恐懼，向這群令人害怕的觀衆證明我的通靈能力，這才是最重要的目標。畢竟這些人都是懷疑論者。

好萊塢的觀衆可能很容易覺得無聊，也不期待我會帶來什麼有趣的表演。他們與漢福德的熱情民衆完全不同。我知道想要有收穫，必須先放手一搏。輪到我的時候，我鼓起勇氣走上舞臺。當燈光打在臉上時，我根本看不清楚臺下的觀衆，只聽見他們正在竊竊私語。參加選秀跟我習以爲常的通靈有如天壤之別。

「我是泰勒・亨利，來自於加州漢福德。」我說：「我的專長是通靈。」從觀衆席的陰暗角落，傳來一位男人的聲音說：「我才不在乎你會通什麼！」

我對男子的質問一笑置之，也解釋了「通靈」是指感應彼世靈魂傳遞的訊息。謝天謝地，我當時馬上感應到一個訊息。黑暗的觀衆席右側掠過一道粉紅色閃光，那是女性的象徵。我緊張地把心思集中在這個小線索，腦海卻湧出另一個不太合理的圖片感應，看起來是維吉尼亞州。我的地理觀念很差，所以當時能夠認出圖片是維吉尼亞州，簡直就是奇蹟。

我對著觀衆席方向開口說話，立刻發現一位能量強烈的母親靈魂正在現身，她也提到「維吉尼亞」。觀衆席立刻傳出一道沙啞的女士聲音，口音來自於美國南方。

她說：「我的母親剛過世，她的妹妹叫做維吉尼亞。」我循著聲音，找到她的位置。當我們眼神交會，我立刻知道自己在做對的事情。我焦慮地在舞臺上來回剁步，希望感應更多訊息。

我的胸口突然湧現一股沉重的壓力。我將雙手壓在胸前，試圖不讓別人發現自己的驚慌。我向那位女人解釋說：「妳的媽媽要我用手壓在胸口，她希望我注意這裡。」

隨後，我看見自己頭上出現一條絲帶，那是癌症的象徵。我小心翼翼地傳達這些資訊。「她正在傳遞關於健康的訊息，她想讓妳知道，她會陪在妳身邊。」

女人臉上綻放出一道害羞的微笑，眼睛也因此彎成一條線。她拉下襯衫的領子，肌膚上面有化療的痕跡。她說自己罹患了第四期胰臟癌。現場群眾光是目睹這些，就已經無比驚嘆，紛紛交頭接耳。

我感應到愈來愈多的靈視，觀眾提出的問題也愈來愈多。我也可以從現場幾位經紀人與經理人的親人靈魂身上，看見關於他們的訊息。一旦我開始接受另一個世界傳來的訊息，就無法分心思考，這些訊息後續會帶來什麼樣的衝擊，只能盡全力傳遞。

我知道現場有些經紀人還是不相信，以為我只是在賣弄一些小伎倆，但他們聽到關於自己的訊息後，也不免感到驚訝。我被問了很多問題，但沒有任何經紀人或經理人表達與我合作的意願，他們只是純粹好奇而已，但某個男人除外。他的年紀看起來比較大，身材高䠷，坐在觀眾席後方，一句話也沒說。

我從後門離開了舞臺，還在消化剛才的一切，思考看見的各種跡象。我在舞臺上通靈了將近一個小時，成功吸引他們的注意，但還是沒有任何經紀人願意跟我做進一步的接觸。我想自己做得太過火了，他們根本不知道怎麼與靈媒合作。經紀人合作的對象多為演員，而在今天目睹我的「能力」之前，他們根本沒有認真看待過靈媒。更何況，他們甚至不知道怎麼適當地描述我的行為，難不成也要說這是一種「表演」嗎？

然而某個男人卻不這麼想。我在街上休息時，遇到了坐在觀眾席後方，從頭到尾不發一語的男人。他手上拿著名片，名字叫做朗恩，是一名公關與個人經理人。他的經理人生涯長達四十年，曾經簽下許多演員與音樂家，也有與幾位靈媒合作的經驗。朗恩想知道我是不是在找經理人，也詢問我對未來的長期目標是什麼。

我向朗恩表示，自己只缺一位幫忙安排行程的人。他笑著說，除了安排行程之外，他還可以提供更多協助。朗恩非常熱情地邀請我與他好好談談，甚至在我還搞不清楚狀況時，他就已經把我介紹給他的朋友，以及業界裡的其他人了。

遇見伯樂

我原本只答應與朗恩見一次面，後來卻變成每週末固定見面，朗恩還會帶新朋友來問事，於是我的名聲就這麼傳開了。原來朗恩這位經理人不但能幫我規畫行程，還讓我認識許多新朋友。他們在短時間內徹底改變我的人生，簡直就像是個奇蹟。

光是剛開始的幾個星期，我就開始替非常多人通靈了，包括《我們的日子》的劇組成員以及幾位電影執行製作人。此時我已經不再怕生了。

我曾經向朗恩坦承自己有點怕這些社會名流，朗恩卻說這些人反而要怕我才是。朗恩所言甚是，無論是家財萬貫的電影工作室負責人，還是初生之犢不畏虎的新進演員，在我面前全都只是單純尋求通靈協助的委託人而已。

我不但對於訊息的詮釋愈來愈得心應手，也可以更纖細敏感地與委託人溝通。對於任何失去摯愛的人來說，與另外一個世界溝通，勢必會牽動所有的深層情緒，而大多數的委託人幾乎從來沒有這麼情緒化的經驗。

來自洛杉磯與好萊塢的通靈委託愈來愈多，我開始覺得回到漢福德老家時才是真正的休息。但是，我在讀書與工作之間已經沒有任何喘息的餘地了，所以我決定休學一個學期。朗恩替我處理行程，上面很快就排滿了通靈預約。不知不覺間，我已經開始一天做兩次到八次的通靈，每次的時間從四十五分鐘到九十分鐘不等。工作量很大，但我很喜歡在各種迷人的環境下替委託人通靈，他們不只是非常特別的人，而且還引領潮流，象徵著各種獨特的生活風格。

我在比佛利山莊的聖誕節派對裡，認識了一名相當特別的男人。他的名字叫做麥可，是一位傑出的電視節目製作人。麥可非常想跟靈媒合作，甚至說萬事俱全，只欠「對的」靈媒，我聽到後覺得頗為訝異。麥可請我替他通靈，於是朗恩把麥可的名字排到我下個星期的工作預定表裡面。

一開始，我並沒有懷抱任何期待，在好萊塢，你會聽到很多關於投機分子的事，但當天我確實感覺到空氣裡洋溢著一股幸運的氣味。與麥可會面之前，我們見了一位新的通靈委託人。委託人住的公寓相當有歷史感，我走上樓梯，發現周遭的環境簡直令我熟悉到了詭異的地步。房子的屋頂是巨大的棋盤紋，房子前後兩側則是金字塔型的尖屋頂。我的背脊傳來一陣冰涼，這已經不是「似曾相識」而已。雖然說起來有點神奇，但我可以從小時候反覆夢見的場景認出這棟公寓。我很確定這棟公寓的金字塔屋頂就是夢裡的景色。小時候，我從來沒有想過夢境可能是人類直覺感知的結果。我跟所有人一樣都會夢到詭異且不合理的夢境，但夢境與這棟公寓的相似性簡直無庸質疑。

我聊起夢境與公寓的種種一切，委託人用一個詞打斷我：「**共時性**」①。

我當時還不是非常熟悉「共時性」的概念，但委託人是對的。共時性確實能夠精準描述目前的情況。共時性與「巧合」有些類似，但在通靈的領域裡，共時性更像是來自於靈魂指引者或摯愛的逝去親人所傳達的訊息，看似隨機，卻能夠在意想不到的時刻，指引我們徹底改變自己的人生方向。當天下午，我離開委託人的公寓，前去與麥可碰面，心裡已經非常清楚即將有大事發生。

麥可住在桂冠街區的大房子裡。我跟朗恩坐同一部車，父親也在，他來協助處理與商業合約有關的事情。父親投入的程度讓我很高興。距離我下定決心全力投入通靈，只不過一年的時間而已，父親卻調適得相當好。但我還是很好奇，想要知道他對通靈的想法。

我替麥可通靈時，挖掘到他極深層的那一面。隨後，他向我們介紹另外一位合夥人。我們圍坐著一張圓桌，討論如何拓展我的通靈事業，我們甚至還考慮推出電視節目。

從現在的角度來看，推出通靈電視節目當然很好理解，但當時沒有任何與通靈有關的電視節目，過去多年來也不曾有過。麥可與他的合夥人提出了一些發展建議，包括拍攝私人通靈過程等等，但當天最大的驚喜卻是父親的反應。父親聽完麥可的建議之後，也坦承自己非常想看我替委託人通靈的過程。他聽說了很多，卻從來沒有親眼看過。父親的想法，對我來說，意義非常重大。

我壓抑了很多年，現在終於看見大家用非常正常的心態討論我的天賦，沒有把我當成異類，讓我鬆了一口氣，這也是當天最重要的回憶。

麥可建議我在他家舉行一次大規模的團體通靈，他會邀請娛樂界的圈內人與好友。我想都沒想就答應了。短短幾個月之內，我從一個無名小卒變成頭號紅人，也很快地適應了與漢福德小鎮截然不同的生活方式。

幾個星期之後，我們在麥可家舉行了團體通靈。父母親開車載我回到風勢強烈且能眺望整個洛杉磯的比佛利山，麥可的幽靜豪宅就在那裡。我還記得自己隨身帶了一本筆記本，身上穿著尺寸過大的西裝外套，想讓自己看起來自信十足。

我跟麥可約定好，事前不能讓我知道參加者的身分。那時我對這項作法已經習以為常了。事實上，這是我提出的要求，既然我不知道委託人的身分，就不可能事前調查對方的背景和資料，可以減少委託人的質疑。除此之外，我也不需要在通靈之前與對方進行任何社交往來。社交場合讓我焦慮，我不喜歡在通靈前與委託人有過多的接觸。如果事前不知道委託人的身分，也不會在正式通靈前感應到任何事情，進而產生誤解或偏見，可以在通靈時更純粹地相信我的直覺。

現場通靈

麥可帶我到另一個房間。我才發現現場的人很多，遠遠超過我的預期。來的人形形色色，年紀不同，職業也很多元，他們全在這裡等候來自靈界的訊息。

我開始解釋通靈的流程，有些人專注傾聽，另外一些人則顯得興趣缺缺，希望直接進入正題。但我愛莫能助，因爲解釋通靈流程是和另外一個世界溝通的必要步驟。如果一個人不能理解通靈訊息的脈絡，就算我成功傳遞，也沒有什麼意義。我非常強調「通靈第六感」來自於五感。我就像「靈異獵犬」，一旦嗅到了任何靈視線索，就會追上去，希望自己在傳遞訊息的同時，也可以感應另外一些訊息。

我的視線掃過現場的參加者，想要找到今天晚上的第一位通靈對象。感應來得又快又強烈，一位罹患肺癌的老奶奶靈魂指著坐在最前面的一位女士。我才把注意力放在這位女士身上沒多久，立刻從反方向感應到一隻小狗的能量，應該是比特犬。（我無時無刻都可以感應到動物的能量！）我才剛開始通靈，就已經覺得振奮無比。我試著冷靜思考眼前所有的靈視，並且整理腦中的思緒。

罹患肺癌的老奶奶靈魂與前排的一位女士有關，但十分鐘之內一直沒人坦承自己與這隻比特犬有關係。我非常執著，想要找出比特犬的主人是誰，但不是因為我想，而是我必須這麼做。

如果通靈訊息還沒找到收件人，我就感應不到新的訊息。因為我把訊息傳遞出去之後，想要傳遞訊息的靈魂會離開我的腦海，讓其他靈魂能夠與我接觸。在我的通靈過程裡，如果靈魂傳遞的訊息相當好懂，我通常不會花太多時間。但如果訊息難以解釋，我就會謹慎處理。有時候，我甚至會鼓勵委託人與親朋好友聊聊，希望找到更進一步的驗明證據。一般來說，這種訊息會成為最深刻的通靈體驗，但我們必須順利找到接受者。

我一邊尋找比特犬的主人，一邊走向一位外型漂亮的褐色頭髮女子。她光是聆聽別人的通靈訊息，就已經熱淚盈眶。她用十分迷人的英國口音說道，自己的名字是查莉。

就在這個時候，我感應到查莉的祖母。她提到一段戛然而止的關係，造成了查莉內心的創傷。查莉的祖母用符號，讓我看見了血管爆裂，還提到臉上的妝。我感覺到祖母對查莉的愛已經超越了時間與空間。

查莉的情緒全寫在臉上。當初她與祖母正聊著化妝之類的話題，結果祖母竟在她眼前猝死。查莉驗明了我的通靈爲眞之後，她的祖母身上也散發出一股正向的能量。我很高興替她們傳遞訊息。查莉的祖母善於溝通，查莉本人更是擁有一種前所未見的能量。光是在她身邊，就能夠幫助我保持開放且清澈的心情。查莉的靈魂與思考方式就像是精神充電站。這些特色讓查莉成爲最佳的靈媒助手。她後來在體驗一連串的共時性事件後，正式成爲了我的助手。

查莉與我的故事還未告一段落。祖母的靈魂消失了，我還需要傳遞更多訊息給其他人。三個小時的團體通靈結束之後，我感到心滿意足，但也精疲力盡。

我替現場超過三十位來賓通靈，但具有畫龍點睛效果的通靈驗明，來自於一位沉默的公關主管。團體通靈結束後，她將我拉到一旁，替自己沒有驗明通靈而道歉。

原來她就是比特犬的主人。因爲比特犬昨天才嚥下最後一口氣，她還是非常難過，所以才不想公開討論。

知道比特犬的通靈感應爲眞，而且終於在死後與飼主建立靈魂聯繫，我當然非常高興。但從另外一方面來說，比特犬的通靈經驗也點出了團體通靈時的常見問題，不是每個人都做好準備並且願意公開驗明通靈。每一次，當我持續感應到某個東西，但沒有人願意出面驗明時，所有參與團體通靈的人都會非常困惑。我也會因而無法釐清思緒，接收其他的通靈訊息，但任何工作都要面對挑戰。我必須接受現實，明白不是每個人都願意驗明通靈資訊，並且想出應對的方法。

隨後的幾個月，我繼續在麥可家裡進行團體通靈。我向許多人證明了自己的能力，通靈的過程也全都被拍攝下來，讓許多重要人物看到。

這一年來的發展相當值得紀念。年底我接到了一通電話，得知一家有線電視希望用我的生活與通靈爲主題來製作實境節目。想成爲職業靈媒，這對我來說可是天大的好機會。我沒有辦法確定自己是否做好萬全的準備，迎接這段神奇的旅程，但我的心情已經就緒，隨時可以出發！

我始終相信分享自己的通靈天賦是我靈魂內在的使命，因此無論如何我都不會改變初衷。我不惜放下一切，追求自己最渴望的目標，迄今的成果都非常完美。

隨著一次又一次的共時性事件，我的直覺與靈魂指引者總是能夠帶領我前往正確的方向。生命中的貴人是當時相當重要的因素，而我的直覺也扮演決定性的角色。直覺讓我判斷誰才是眞正值得信賴的人。無論情況變得如何，就算我沒有辦法預測生命的方向，但我永遠可以依賴直覺，直覺是最好的羅盤。我每天都在通靈以外的時間訓練自己的直覺力。

老實說，這些日子以來，我甚至不敢違反直覺，深怕自己會付出代價。靈魂指引者有他們自己的想法，而非任憑我擺布。他們常讓我在寶貴的經驗裡，學習謙遜的意義。

通靈給我的教導

一天晚上，我從洛杉磯搭火車回漢福德，由於太晚抵達火車站，買票的隊伍已大排長龍。我搭過這班車無數次，知道票價是八塊錢美金，從來沒有看過任何站務人員查票。所以我就沒買票，逕行穿過排隊人潮，走進火車。就在那時，一張車票和車廂號碼的畫面突然閃過我眼前。

我的心頭一沉，第一個反應是先找到自己目前所在的車廂編號，想要迴避靈視畫面提到的車廂。我以為只要忽略畫面中的車廂，就能夠順利回家。

我慢慢穿過人群，走向附近的車廂號碼標示，才驚覺自己居然在不知不覺的情況下，一腳踏入方才感應的靈視畫面，而這裡就是我看見的車廂。兩名表情嚴肅的警察帶著一頭警犬衝入車廂，大聲要求所有乘客立刻回到座位上，好讓他們能夠順利查票。為了節省購買八美元車票的時間，我讓自己活在《異鄉歷劫》的世界裡。

我開始汗如雨下，只能被動等待命運的審判。看起來較為年長的警察走到我的位置旁，我拿出皮包，裡面還有先前用過的車票。我的手不停顫抖，把皺巴巴的舊車票交給警察。我眞希望自己當初看到第一個暗示時就果斷回頭，不要上車。警察查票時，我的腦海全都是「早就叫你不要這樣」的聲音。我聽到另外一位警察在不遠處痛斥無票搭車的民衆。警察查票的時候非常嚴肅。我很幸運，他們不知道爲什麼沒有發現我的車票早就過期了，但我還是學到了一次教訓。

我認爲這是靈魂指引者給我的啓示，提醒我必須注意關於自己生命的通靈感應。我很有自信可以把彼世訊息順利傳遞給他人，但面對自己的生命，我仍然只是一名頑固的青少年，必須付出代價，才會懂得重視關於自己的訊息。如果不能虛心接受通靈帶來的警告，不管我看見什麼徵兆，也無法幫自己的忙。

相信直覺

我決定從漢福德小鎭搬到洛杉磯大城，這個決定跟通靈感應的提醒和直覺有密切的關係。我過去經常配合委託人的要求，往返於兩地之間，但對洛杉磯依然陌生，還是有很多需要學習的地方。搬家當天，家人跟我一起把行李從漢福德載到洛杉磯新家。母親把車子開上高速公路之後，我開始打起瞌睡。

我閉上眼睛，卻突然感應到我們應該馬上靠往右側的車道。我立刻打起精神，迅速要求母親把車子變換到另一個車道，等她完成之後，我再解釋到底什麼情況。但事情發生得太快了，我根本無須多說。母親變換車道時，前方車上載的木桌突然掉落，與我們的車子擦身而過，差點直接打中車子的擋風玻璃。我們全家人目睹了一切，時至今日，父母還是會提到這件事情，用來強調相信直覺的重要性。當初相信了我的直覺，我們才能倖免於難。

雖然直覺經常幫上大忙，但適應洛杉磯生活還是讓我吃足苦頭。母親不在身邊照料一切，光是使用洗碗機就足以證明我多麼缺乏生活能力。剛開始獨自生活的某個夜晚，我想打電話訂披薩，慶祝獨立新生活。我焦慮等待了四十五分鐘之後，打開公寓的門，走到走廊，滿懷希望地看著大門。就在這個時候，我聽見後方傳來門鎖聲。

我轉過身，驚訝地看著門把。我的公寓門闔上了，而且自動上了鎖。我想找找看鑰匙有沒有在身上，才驚覺自己不但被鎖在外面，身上還穿著沒有口袋的居家長袍。送披薩的人可能隨時會到，我沒有辦法付錢。我的公寓樓層頗高，如果想要爬到陽臺，再進去開門，代表我得想辦法攀牆爬樹，才能從陽臺回家。

我以為自己實現了住在好萊塢的瑰麗夢想，卻只能在晚上十一點鐘想辦法闖入自己的公寓。一開始，我其實不覺得丟臉，直到送披薩的人發現我居然身處公寓窗外的樹叢裡。他停好車，拿著我的披薩走進大廳，我在樹上想盡辦法還是無法掙脫樹葉。他聽見上方傳來窸窸窣窣的聲音之後，抬頭看著我，我用盡全身的力氣，只能勉強擠出一句：「等我一下，我馬上來。」

既然這裡是好萊塢，他在晚上送披薩的時候，肯定看過更奇怪的事情。無論如何，我還是順利爬上陽臺回到家，但當我擠出最後一點力氣走出公寓付錢時，甚至連看著他的勇氣都沒有。

幫大明星通靈

我很快就體認到洛杉磯的生活與我原本的生活有多麼不同。洛杉磯的步調很快，無論我自以為準備得多充分，都料想不到生命改變的速度竟會如此迅速。

雖然不知道拍攝電視實境節目要付出多少心力，但我只能繼續堅持通靈。然而，事前對於通靈委託人和通靈地點一無所知，其實是一道雙面刃。首先，保持無知可以強迫我從一開始就要信任直覺。其次，無法預期可能的情況與現場的壓力，則會迫使我必須處理社交焦慮。

第二天錄影的時候，工作人員開車帶我到卡拉巴薩斯市的一處民宅。他們簡單提到委託人對通靈很有興趣，節目製作人也說現場會進行拍攝，但沒有解釋到底要拍什麼。在那個時候，我只有替名人通靈四次，說不上經驗豐富。

我們抵達大門深鎖的住宅社區之後，開始徒步走向一間充滿地中海風情的大房子。我走在美麗的車道上，開始猜想對方可能是歐普拉或史蒂薇・妮克絲。每次錄影，我都會猜測委託人是誰。既然我事先不知道對方的身分，代表委託人可能是任何人。

敲門之後，我的胃因爲緊張而非常不適。我們等待委託人開門。委託人身分揭曉前的這段期間是電視通靈最緊張的時刻之一，因爲對方可能是任何人。

委託人開門了，她的長相很面熟，亮色的唇彩還有種種打扮，我立刻認出她是科勒．卡戴珊。走進屋門，我注意到卡戴珊身後的攝影團隊。他們拍攝我說的每句話與所有肢體動作，我的腦袋一片空白，覺得自己就像誤闖叢林的小白兔。

我跟攝影團隊在卡戴珊家的大廳隨意走著，她把我帶到客廳，那裡有另外兩位身材迷人的明星坐在沙發上，她們就是葛妮．卡戴珊和金．卡戴珊。到了這個時候，我才終於明白今天的行程不是拍攝我的節目。我居然在事先不知道的情況下，在《與卡戴珊一家同行》節目裡亮相！我的電視職業生涯不過兩天而已，居然就有這種殊榮，眞的很高興。

我當下的感覺非常超現實，也無法理解眼前的事情多麼重要。我不是很常看《與卡戴珊一家同行》，但既然有機會出現在這麼受歡迎的節目，心裡當然會希望自己可以表現良好，因爲卡戴珊的觀衆可能不熟悉通靈。節目結束之後，我馬上知道這次曝光機會讓我迅速得到了群眾關注。幾乎每次媒體採訪，都會有人希望我透露卡戴珊姊妹通靈的內幕消息，甚至幾個月後都還會被問到同樣的問題。

我向卡戴珊姊妹提供了一些通靈建議，還有我在房子裡面感應的事情，這次的節目就這麼結束了，我甚至不覺得自己有發揮全部的能力。第一次與她們見面時，我因爲緊張而沒有辦法發揮，也很期待日後在我的節目第二季時，再度與科勒還有她的母親克里斯見面，詳細聊聊當初的感應。在短短的時間內，我向自己證明了，就算在最艱困的處境下，我還是能夠順利發展，而我也更有自信，自己在這段日子的成長，甚至超過了過去幾年的總和。

雖然我開始習慣節目拍攝的規矩了，但仍對未來感到不確定。如何適應在鏡頭拍攝的情況下進行通靈是個挑戰，但我最在意的還是委託人會怎麼在電視節目上回應通靈結果。

這個節目既然叫做《好萊塢靈媒》，主要的來賓當然是眞正的好萊塢演藝圈名人，但他們只是我所有客群當中的冰山一角。我對大眾流行文化一無所知，甚至對演藝圈毫無興趣。雖然靈媒看起來光鮮亮麗，但並不是什麼前景看好的工作，反而充滿挑戰。

迄今爲止，我接觸到的名流人都很好，但我也很怕遇到自大的明星。我的家鄉很純樸，而現在跟我最熟的客戶都是貨眞價實的演藝菁英，遇到這樣的大明星，我又要如何自處？

這種感覺就像是回到第一次舉辦團體通靈那樣困難，然而壓力只會讓我愈挫愈勇。在節目裡爲明星通靈，我才知道每個名人的背景與脾氣是如此不同。有些人對他人總是愛理不理的，有些則不然；有些人與你氣味相同，另一些人則不是這麼一回事。

然而，隨著替明星通靈的經驗愈來愈多，他們慢慢可以敞開心胸，眞情流露地與我分享許多私人的事情，令我非常感動。就算是防備心很強的明星，其實也很渴望眞誠的人際互動。成爲明星的好處很多，但相較於光鮮亮麗的專業成就，如何應對名聲下滑的情況，更能顯露出他們的心智狀態。我也很快就看出許多明星的生活方式完全取決於他們的身分與名聲，彷彿成就決定了其靈魂的內在價値。

生活被攤在陽光下，以及必須保持知名度的雙重壓力，在明星身上產生了非常有趣的矛盾現象。由於每位委託人的特質不同，他們處理群衆目光的方式也不太一樣。有些人會退回內心保護自己，另一些人則是用幽默與轉移話題，來遮掩在通靈時顯現的脆弱狀態。無論委託人怎麼應對，我對每個人都採用同樣的通靈方式。

我對這些大明星所知無幾，他們反而容易放輕鬆。明星已經很適應在採訪時暢談自己下一個計畫或作品，卻還不習慣在我面前暴露內心的弱點，雖然我和他們素不相識。

累積一次又一次的通靈經驗後，我變得更有自信，無論委託人是誰，我都能順利傳遞訊息。成爲追星族只會阻礙我的通靈發展而已，除此之外，追逐明星的一舉一動對我的精神狀態沒有任何幫助，只會造成自我膨脹。我只想探索明星在神祕難解的生活裡，究竟藏著什麼與通靈訊息相關的線索。

我希望可以在節目裡讓委託人得到療癒，徹底改變他們的人生，進而使觀衆明白「自我認識」的重要性。明星花一輩子的時間建立必要的心防，假如他們願意在節目裡放下心防，一起探索生命裡最艱困的難題，也許電視機前的觀衆也會找到改變他們一生的關鍵。

克服困難

在電視上通靈固然有許多好處，但也絕非順暢無阻。靈魂交流不會因爲是在電視上轉播而有所改變，換言之，我還是需要克服各種困難。通靈的過程可能長達好幾個小時，導致原本已經非常緊湊的節目製作時間變得更加難以掌握。通靈的時候，我要求自己讓委託人聽見當時應該得知的訊息，不會因爲攝影機圍繞四周而改變這個立場。

委託人也許會認同我傳達的訊息，也可能不會。無論他們的想法如何，我都非常謹慎，不讓自己偏執地只在乎傳遞出來的訊息是「一語中的」還是「失敗」。我很清楚，就算委託人在當下無法理解特定訊息的意義，通常會在往後發現其中的相關性。

我已經看過很多次類似的情況，某些特定的訊息細節只能由委託人的家族成員進行驗證。然而，在電視節目的世界裡，假如我們沒有拍攝後續發展，就不會有任何正式記錄。因此，我通常會做後續的通靈・並且側錄與委託人一起見證訊息靈驗的時刻。假如委託人帶家族成員前來節目現場，通常也有助於驗明訊息和分享通靈經驗。

除了自己的電視節目之外，我也在其他知名的電視節目裡通靈，例如《菲爾醫生秀》、《今日秀》、《奧茲醫生秀》、《歡樂脫口秀》和《觀點》。在電視節目上解釋通靈，意味著我必須面對各種不同的意見。有些人從一開始就相信我，另外一些人則要求我必須拿出證據來證明自己所言不虛。無論公衆輿論的立場如何，我內心相當清楚，最好的解釋就是實際通靈給對方看。然而，很多觀衆可能不明白，光是要讓其他節目認眞考慮邀請我，我就必須在幕後先替無數委託人通靈，才能證明自己的貨眞價實。我擁有自己的電視通靈節目，當然有助於說服別人，但人們仍然需要得到第一手的體驗，才會同意讓我登臺亮相。

儘管我可以說服心存懷疑的人，但所有公共人物都有一個共同的敵人，也就是網友。我已經看過其他知名靈媒收到的群衆反應，心裡早就知道會發生什麼事情。在網友眼中，如果靈媒要求委託人驗明通靈訊息的眞實度，肯定就是想要釣出委託人的個人資訊。倘若靈媒沒有「釣資訊」，而是明確傳達訊息，網友也只會批評靈媒一定事先調查過委託人的個人情報。

我很快就不想再花時間捍衛自己的聲譽。就算委託人已經非常明確地證明，我在通靈時傳遞的訊息，絕對沒有在任何公開場合曝光的記錄，但網友還是選擇性地忽略他們無法解釋的細節。當我提到洛妮・勒芙的祖母擁有的小牛造型餅乾罐，或者克里斯・詹納在更換窗戶前一天與某人進行的私下交談內容，任何人都沒有辦法合理解釋爲什麼我會知道這些事情。

在通靈的過程裡，我會瞄準特定的資訊。雖然我對委託人和地點一無所知，但還是很清楚這些名人的生活資訊全都暴露在陽光下。假如我可以感應到他們從來沒有在任何訪談或傳記作品中提到的資訊，我會非常滿意，而這也是委託人對我的期待。倘若通靈的委託對象只是一般人，生活並未受到媒體的關注，光是感應到名字、時間和日期，就是非常強而有力的驗明證據，但若是替名人通靈，我必須感應到大衆不可能知道的私人細節才行。

我在很短的時間裡就得到大量的關注，所以根本無暇處理負面評論。我的首要目標是讓全世界知道，生命不會因爲死亡而結束。陷入敵對的情緒，或是因爲外表遭受批評而感到沮喪，不但非常膚淺，而且一點意義也沒有。雖然演藝圈非常重視外表與個人魅力，但我從來沒有時間或精力去注意自己的長相及打扮。我用盡全力梳理通靈時感受的強烈情感衝擊，一心只想克服內心的挑戰。

直到第一季節目順利殺青之前，我其實都不覺得自己是好萊塢電視圈的一分子。後來，我受邀參加在無線電城音樂廳舉行的「季前發布會」，這個活動的目的是讓好萊塢娛樂圈的明星與記者能夠聚在一起，討論電視節目的未來發展趨勢。

現場人山人海，我被帶到指定的位置上，才發現身旁坐著珍妮佛．羅培茲、科勒．卡戴珊還有葛妮．卡戴珊。我跟她們之間的距離好近，感覺好不眞實。艾莉西亞．凱斯與麥莉．希拉上臺致詞。活動進行到一半，我毫無預警地聽見一道熟悉的聲音如巨雷般籠罩全場——我的聲音。

我覺得很榮幸，但身體卻不由自主地冒汗，所有來賓目不轉睛地看著現場大螢幕播放我替史努姬通靈的片段，我緊張到快要融化了。我事先不知道主辦單位會播放這段影片。這個驚喜發生的時間點很巧妙，讓我知道自己的生活已經變得完全不同了。我曾經與好萊塢的生活格格不入，他們現在願意接納我，讓我成為其中一分子，也非常熱情地接納與理解我的不同。我終於鬆了一口氣。

電視節目對我來說是個機會，可以公開討論並且觀察大家都曾有過的傷心經驗。然而，傳遞悲傷經驗的是委託人，不是我。委託人必須勇敢分享並且回應自己的故事，直接面對內心的傷痛。可是他們並不適應這樣的角色。

大多數的委託人習慣保有生活隱私，情感世界更是保護得密不透風。這不也不能怪他們。大眾媒體刊登這麼多侵犯隱私的報導文章，徹底剖析並揭露他們的生活，許多公眾人物當然會把自己的形象經營成一個品牌，並且盡可能地與媒體保持友善關係。

然而，如果支持者可以看見心儀明星最原始脆弱的一面，也是一件好事。剛開始拍攝電視節目時，我認為自己擁有特權，可以幫助每位委託人分享自己的生命故事，也希望這樣能夠撫慰觀眾的心靈。雖然我不認識大多數開門迎接我的明星是誰，但觀眾朋友都認識他們。電視機前的觀眾朋友可以打開電視，觀看大明星分享內心的悲傷經驗，因而撫慰自己內心的痛苦。這樣的結果讓我感到非常謙卑也十分快樂。

無論委託人有什麼樣的背景或信仰，我都希望在通靈結束時，至少讓他們明白，自己一定可以戰勝各種艱難的困境。

如果委託人的心防非常強硬，我必須先克服他們心中的恐懼，再用通靈協助他們。俗話說，你可以把馬牽到水邊，但不能強迫牠喝水。同理，除非委託人願意跟我一起探索過去，並且承擔相對應的情緒，通靈才會進行更順利。第一季節目初期時，就曾經發生過一個有趣的例子。

湯姆．阿諾是節目早期的來賓，也是最有挑戰性的通靈委託人之一。當天工作時，我完全不知道阿諾是一名不相信通靈的懷疑論者。我先前曾經提過，爲了增加節目的說服力，節目製作小組費盡心思，確保我事前不知道當天接受通靈的來賓身分，我本人也欣然接受這種安排。

我對阿諾沒有什麼印象，只記得在《名人鬼故事》的某一集裡看過他。拜訪阿諾時，他非常有幽默感，但我其實不知道他原來是一名諧星。母親開車載我前往約定的地點，我覺得自己的生活變了很多。我正在比佛利山莊，前往一位神祕明星的豪宅，在那裡拍攝我的電視節目，這一切是如此不眞實。雖然環境變得很陌生，但有些事情永遠不會變。無論我們要去漢福德的一間小房子，或者好萊塢比佛利山莊的明星豪宅，母親永遠都在我身邊。

替阿諾通靈時，我必須面對前所未有的質疑，而且全程都會拍成電視節目。阿諾坐在我的對面，不發一語，用雙手遮住自己的臉。我知道他對通靈的態度非常保留，但我還是感應到了很多沉重的訊息。我看見阿諾的母親，她滿懷歉意，知道自己當初沒有善盡母親的責任，讓阿諾擁有應得的母愛。但是，阿諾最後成爲一位非常了不起的父親。阿諾打破了世代的情感枷鎖，讓她非常自豪。

阿諾母親想表達的訊息，是我唯一的重點。但我非常害怕阿諾要求我驗明訊息的眞僞。我沒有辦法證明自己說的話是眞的，如此一來，阿諾可能會不相信我說的話，而錯過了母親的感情。但我的想法是錯的。我描述自己感應到的訊息之後，阿諾的態度也從懷疑轉爲相信。我提到阿諾與母親之間的糾結情感，以及只有他們雙方知道的細節。這就是阿諾需要的證據。沒有任何報章媒體報導過相關訊息。

通靈很有趣。我從來不知道委託人會如何回應，也不清楚要怎麼讓委託人回應。我曾經以為，聽到深愛之人的名字，會讓委託人的反應變得很大，但我發現特定的訊息反而讓委託人的反應更大。彼世的靈魂比我更明白到底什麼東西可以觸動委託人的內心。提到委託人的祖母確實很有用，但如果我感應到只有委託人和祖母才知道的童年回憶，就會創造更大的衝擊。

通靈讓委託人與彼世靈魂重新建立了聯繫。這是通靈最有用的功能之一。就算通靈不能完全治好悲痛，至少能夠協助委託人度過悲傷的時期。有時，委託人只要知道自己與彼世靈魂之間的感情，並沒有因為死亡而結束，他們就能往前走。生命的沉重因而變得輕盈，愛也因此更加豐沛。

我一直相信，如果電視機前的觀眾，見證了通靈如何治療委託人心中的悲傷，進而感受到心靈的平靜，也許我的通靈就不只是讓委託人與彼世靈魂重新建立聯繫，而是療癒了更多人的傷痛。這就是支撐我全心全力投入通靈的基礎信念。無論在漢福德或好萊塢，我始終保持初衷，想要讓更多人明白愛的永恆。我們在今生鍛造的情感，永遠不會消失。

註釋

①共時性是心理學家榮格提出的概念，簡單來說，就是「沒有因果關係但意義相關的兩個事件之間，產生了有意義的巧合」。

榮格在一九二〇年代初期就提出共時性概念，但直到一九五一年才做出完整的討論。共時性的知名例子如下：一八〇五年，德・馮吉卜招待法國詩人德尚吃乾果布丁。十年之後，德尚在巴黎的某個餐廳點了乾果布丁，服務生說最後一個乾果布丁給了另外一位客人，而那位客人正是德尚。

榮格本人提出的例子是一位年輕的女精神病患。這位病患的教育背景良好，頭腦聰穎，幾乎無法從心理分析的角度突破她的防備。

一日，榮格與此名病患碰面，只能被動傾聽女病患以優美的詞彙暢談她前一天晚上的夢境。在夢裡，某人送給她貴重的甲蟲形黃金珠寶。就在女病患講話的同時，榮格注意到窗外有一隻巨大的甲蟲正在撞擊窗戶，似乎想要飛進屋裡。榮格打開窗戶，抓住這隻甲蟲，發現那是玫瑰金龜子，黃金帶綠的顏色讓榮格想起女子描述的夢境。於是榮格將金龜子拿給女病患之後說：「這就是妳要的甲蟲」。

這個事件打破了女病患以理性建立的冰冷防禦，使榮格得以順利進行精神治療。

第 五 章

通靈與生命的全貌

窺知訊息的全貌

關於我的通靈故事一傳十、十傳百，愈來愈多人找上門來，希望能夠得到他們在電視上看到的那種體驗。從我一開始執業到現在，精進通靈能力是一段永無止盡的謙卑旅程。

許多委託人雖然可以立刻驗證感應的訊息爲眞，但我卻更專注在乍看之下相當不合理的訊息，這點令他們非常驚訝。我替自己定下的標準是，至少必須立刻驗明百分之八十的通靈訊息，剩餘的部分，則可以在接下來的過程裡，經由後續現身的靈魂進行確認。

我發現，在通靈主要過程後才現身的靈魂，其帶來的驗明最能切中重點。身爲一位靈媒，這是最大的挑戰。

然而，解開所有訊息背後的意義時，我又會非常訝異，原來彼世的摯愛、親友是如此睿智地交織一切的關連。

我的使命是盡可能轉達自己感應與目睹的訊息，剩餘的工作，必須交給傳遞訊息的靈魂，以及驗證訊息眞僞的委託人。假如靈魂傳遞的訊息不清，或者委託人無法理解，我其實也無能爲力。

好在這種情況並不常發生，而且委託人一直都能夠完全理解在我看來非常詭異費解的訊息，這點令我相當驚訝。有時候是其他親近的家人會在稍後驗明，並且解釋訊息背後的意義。

這些脈絡有助於我理解資訊，因此，我認爲通靈就像拼圖，必須持續嘗試用不同角度拼湊，才能窺見全盤樣貌。每個單獨的資訊都是整體訊息的一部分，能夠勾勒出一幅更大的圖像。

如果委託人沒有敞開心扉來聆聽訊息，這些看似隨機而無意義的符號、情緒與感應就會變得毫無用處。通靈之所以可以連結人間與靈界，全仰賴於訊息的細節得到委託人的驗明，並且放在適當的脈絡裡。

爲了提供簡明扼要且強而有力的通靈，我也必須仰賴靈界死者的溝通能力。訊息顯靈的方式次次不同，我必須隨時隨地保持警覺。每一次的通靈，都會讓我更理解自己、我的通靈天賦還有靈魂傳遞訊息的能力。

從彼世來的靈魂會善用我的五感，用最好的方式進行訊息交流。我是靈視靈媒，所以主要的管道就是視覺，但還是能藉由其他的感官來感應訊息，像是聞到香水的味道、品嚐到某人愛吃的食物，或者聽見符合當事者心情的歌曲。往往是這些額外感應的細節，讓彼世靈魂傳遞的訊息，變得活靈活現且富有人性。

靈魂的溝通方式

靈魂的溝通方式會取決於他生前最有感的部分。生前比較重視視覺的人，死後的溝通方式會側重符號與圖案，也會變成我最容易感應到的訊息。

雖然靈魂已沒有實際的肉身，倘若他在生前更喜歡用肢體動作表達，死後仍然可以將訊息傳遞到我的身體裡。重視情感的靈魂，有時候也會直接把訊息轉變成我的某種情緒。

情感傳遞是非常深層的交流形式，但我卻最不喜歡這種模式，因為會消耗大量精力，而且透露的細節最少。情緒感應可以讓我知道特定情況裡的感受，但我必須尋找額外的感應，才能夠釐清眞相，找出更具體的細節。

在某次相當費時的團體通靈時，我才察覺，原來靈魂會用這麼多獨特的方式傳遞訊息，令我大開眼界。通靈過程差不多進行到四分之三的時候，我感到一股疼痛在脊椎流竄，最後匯聚在脖子。這很顯然是某個靈魂傳遞的訊息，但我盡力尋找其他細節和線索，卻都徒勞無功。

我的脖子很痛，不太舒服。除此之外，用「脖子痛」作爲通靈訊息，實在太過籠統，無法跟現場的三十位來賓討論。但我管不了這麼多，決定把這件事情說出來，希望能夠取得現場來賓的回應，讓這個靈魂繼續傳遞更多具體細節（至少也要讓疼痛從我身上消失）。

我立刻注意到後排的一位女子，原本非常不專心，但聽到我說的話之後，馬上正襟危坐。她就是我要找的人嗎？

這個靈魂瞬間變得更活躍，可怕的脖子痛也蔓延到腳上，造成我的雙腳麻痺。

我被迫坐下，整個人蜷縮著。不久之後，麻痺轉化爲更具體的感應，我的雙腿就像被粗砂淹沒一樣。這種經驗相當詭異，而且雙腿居然成爲通靈媒介，這在我的經驗中非常少見。

我不確定這到底有什麼意義，只能做自己唯一會的事情，也就是坦然面對。我大聲描述腳趾頭陷入粗砂的感覺。雖然這麼做有點傻，但我注意到後排女子的眼神變得更銳利了，她很明顯認出了什麼。

目睹她的反應後，我的額頭感受到一股熱流，而且突如其來的不悅感覺壓住了我的嘴唇。我甚至差點因此嚇得跑下舞臺，這是我第一次有這種感覺！雖然很難詮釋這個訊息，但有鑑於我的反應這麼負面，我想嘴唇的感覺絕對不是浪漫的親吻。

我一邊振作，一邊依照經驗推敲眼前的情況。無論是誰，他想傳遞的訊息都不是用視覺能夠理解的，也不是名字或是任何有用的線索。我必須要使盡渾身解數才行。

我試著做出最合理的詮釋。我走下舞臺，面對這群滿心期待但又充滿困惑的觀衆，最後一次描述我的感受。我問：「有沒有人理解這個訊息？也許某位觀衆朋友有口對口心肺復甦的經驗？」

我特別將眼神對上坐在後排的女人。通靈進行的時間已經超過一個小時，她第一次站起身子，語帶顫抖地說：「那個訊息是給我的。」她解釋過後，我們才知道原來她有一名非常親密的朋友，近日因攀岩意外摔斷脖子。

朋友被帶到一旁的沙灘，她替他進行了口對口的急救，希望能爭取一些搶救時間。她說話的時候，原本停留在我嘴唇的溫熱卻移動到額頭上。我提起此事，她也證明在救護車抵達之前，曾經吻了朋友的額頭。她的朋友送醫後仍宣告不治。

謝天謝地，我們終於解開了這個訊息。我不禁開始思考，這個靈魂選擇的溝通方式都是觸摸我的身體。這種情況非常罕見。那位女士說，她的朋友在世時非常木訥寡言，但每次見面，他總是第一個擁抱別人或握手寒暄。他甚至教導姪子和姪女玩摔角遊戲。這是他表達愛的方式。「坐而言，不如起而行。」她轉述了朋友的格言。

一切都合理了，難怪他會用肢體觸碰的方式傳遞訊息，並且強調了自己將死之時，那位女士的所作所爲——包括口對口的急救以及額頭上的吻。他非常感謝她對他的付出，他在人世的最後一刻感受到了愛。對他來說，這些事情遠遠勝過話語。

通靈時，逝者靈魂才是決定訊息傳遞的關鍵。我最常比喻靈媒爲一張空白畫布，我必須成爲清澈的容器，才能精準地感應訊息。有交流能力的靈魂現身，以我的感官作爲工具，在畫布上勾勒出生命的歷程、死亡的轉變以及他們想說的話。同樣的畫筆交到不同靈魂藝術家的手上，作品也有雲泥之別。有些靈魂採取超現實主義，畫出來的成果宛如照片般眞實，另外一些靈魂則像畢卡索。彼世靈魂提供了文字無法準確形容的藝術角度與片段，讓我覺得自己就像在詮釋傑克森．波拉克的藝術作品。

感應到胸口疼痛時，我必須藉由其他的靈視來判斷是心臟病或肺癌，否則這種感應用處不大。我也很難向觀眾準確地描述香水的氣味。我一直都非常希望能和強調視覺，並且提供許多細節的靈魂進行交流。

爲了能夠理解傳遞訊息的靈魂，我設計了三個問題。假如某些感應只能維持幾秒鐘，這三個問題就變得很重要：

一、我對逝者靈魂的共鳴程度有多少？

無論靈魂選擇用什麼方式現身，我的首要任務都是盡可能確保彼此之間保持清晰的連結。如果暫時不能詮釋目前接受的訊息，那麼我就會改變目標，以「詢問」更多細節爲主。

如果靈魂無法藉由單一感官進行流暢的溝通，我也希望他們採用更多感官途徑作爲傳遞管道，如此一來，我就可以有更多線索，理解他們想要表達的想法。舉例來說，如果靈魂想要表達中風，光是讓我頭痛還不夠，必須讓我可以用其他感官來區分他想表達的是中風，而不是頭部受傷。

二、思考靈魂的溝通能力和誠實程度

建立了清晰的連結之後，訊息就能夠順利傳遞了。在理想的情況下，我如果能夠找出重點，將注意力集中在單一感應，其他圖像與細節就會自然湧現，通常可以詳加解釋前面出現的靈視感應。

通靈中的「停頓」很常見，事實上，「停頓」可以說是必須的步驟，讓我能夠理解靈魂已經表達完對特定主題的想法，即將進入到下一個主題。我必須謹慎留意這些「停頓」，假如在溝通時忽略了「停頓」，就會把屬於下一個主題的細節，歸納到前面的主題，導致整體的通靈詮釋偏離正軌。通靈時的「沉默時刻」好比句點，用來完成特定主題，進入下一個主題。

然而，「停頓」與「完全沉默」之間還是有差距。假如某個靈魂原本一直暢所欲言，但突然對於某件事情保持緘默，我會開始思考箇中原因。舉例來說，有些靈魂當初自己決定前往彼世（也就是我們說的自殺或者安樂死等「協助自殺」或「援助性死亡」），他們會清澈現身，想要探望世間的摯愛親友，傳遞許多訊息——卻不願意探討自己的死亡。這是相當常見的情況，我認爲以這種方式離開人世者，可能還在思考其中的意義，或者不願意讓家人回想起當初的悲劇。因此，他們會更重視或強調其他事情，例如他們死前的生活和當時學會的啓示。

有時候，自殺死亡的靈魂會在通靈時勇敢承擔責任，解釋自己的想法，試著撫慰世間的親朋好友。彼世靈魂究竟會帶來什麼話題，完全取決於他們的成長程度和靈魂昇華時所得到的理解。就像在人世間，我們對於重要生命事件的適應程度也不盡相同。死亡對生命的影響力，僅次於出生。

三、靈魂想要用什麼方式溝通？

生前相當重視視覺的人，死後通常也會著重於用鮮明的視覺進行溝通（靈視）。生前對聲響和音樂有相當共鳴者，可能會藉由噪音或歌詞向我傳遞訊息（靈聽）。有時候，我可以從靈魂傳遞訊息的方式，判斷他們生前的職業。生前與死後，我們通常都會使用自己熟悉與舒適的溝通方式。我們的意識與意念都不會因爲死亡而消失，而這兩個元素也會影響靈魂的溝通方式。

除了接收、權衡和詮釋之外，我也會尋找重要的細節來詮釋自己感應到的訊息。我不只留心靈魂所言，也重視其表達的方式，因而得以窺見靈魂的特質。通靈是錯綜複雜的過程，靈媒必須全心傾聽委託人的訴求，更要特別留意委託人的逝去親友想要表達的事情。

我還年輕的時候，如果現身的靈魂愈來愈多，我就會愈發想知道其中原因。倘若每個靈魂都能安息，爲什麼他們會堅持現身呢？於是我明白了死亡會讓彼世的靈魂用全新的角度觀看自己的生命。他們和世間親友仍有羈絆，因而認爲自己必須與親友分享這些想法。

無論是傳遞必要的訊息、解決情感的衝突或協助世間親友度過哀傷，我們深愛的逝者之所以會現身，都是因爲他們想要告訴我們，死亡讓他們學會了生命的意義。有好長一段時間，我一直以爲療癒悲傷是單向的過程。許多委託人在我面前說自己理解彼世靈魂傳來的訊息時，我以爲那就是最深切的悲傷療癒。後來我才明白，彼世靈魂將重要的訊息傳遞給生者，也會得到同樣的療癒。死亡讓靈魂學會用新的角度來理解生命的元素與過程，他們在生前也許不曾明白這些道理，而將這些想法分享給在世的親人，靈魂也會被徹底治癒，讓他們能夠在靈魂世界的道路上，繼續進行下一段旅程。

「自我」的概念

死去的靈魂可以回想起過往的人生。他們還是有個人偏見，個性與生前一樣，但幾乎所有靈魂的自我都在死後獲得了啓蒙與昇華，能夠理解生前的重大選擇對他人造成的影響。由於靈魂不需要捍衛自我，因而更傾向於解決衝突並且承擔責任。靈魂的責任完全不同於我們常說的審判、司法迫害或者自我控訴，這些是生者才有的概念。我說的責任，是指靈魂昇華的必須條件。

多數人提到「自大」，通常是指臭屁、自私或自戀，但這些都只是鳳毛麟角。自我對人類生命經驗的影響甚爲深遠。所有人都是正向自尊與負向自尊的綜合體，兩者的平衡通常取決於周遭環境的持續變遷。在正向自尊與負向自尊之間，就是人類的自我。

自我就是人類對自己的認知與信念，它來自於人類對自身創造與生活境遇的認知，但不能反應出靈魂內的眞實自我。人類的自我從嬰兒期開始生成，經由一生的時間發展變化。我們把天賦、能力和個性視爲自我，但這些全都只是我們擁有的東西，並非「靈魂眞我」。

人類的自我，絕大部分與周遭環境有關。從出生起，我們被告知且被約束，必須用特定的方式感受周遭環境、自我以及旁人。對多數人來說，雙親就是人生最初的導師。他們影響了我們如何學會定義周遭環境，從更深刻的角度來說，也會影響我們的自我概念。假如父母對世界的認知流於負面且易於恐懼，小孩也可能會是如此，除非往後他還有機會重新定義相關認知。倘若家長要求小孩追求自我價值，卻用羞恥感訓斥小孩，這些全都是強烈的情感，足以改變小孩的反應與世界觀，最重要的是，也會影響小孩對自我角色的認知。

一般來說，我們甚至不會意識到自我的形成過程。自我就像與生俱來的一樣，活著的人很難不被「自我」遮蔽視線。就算我們省思自我，也是在強化自我——聽起來眞的很神奇吧？光是思考自我，就是在明確地區分「我」與「他人」。這些想法共同形成了伴隨我們一生的自我結構：

「我不擅長考試。」

「我很聰明。」

「我皮膚很好。」

「我比你厲害。」

「這件衣服讓我看起來很胖。」

人類的自我概念，就藏在上述句子裡的「我」裡面。生而爲人，擁有「自我」是生存上免不了必須具備的條件。畢竟，想要在現代社會中善盡自己的一份心力，就一定要有自我形象。因此自我形象是人類的重要課題，我們也有無數機會可以認識自我與他者。然而，如果我們的自我形象變得扭曲、膨脹或者消失，就會引發巨大的問題，而且這是常見的情況。

我們對自己的認識就像好幾個零散的片段，「自我」則會熟練地將這些片段拼湊完整。當人類將各種合宜的元素納爲自我認同時，也會滋養自我。假如有人反駁，導致我們認爲必須澄清誤會，事實上是人類的自我觀念受到威脅，想要防衛並且反擊。一旦最原始的情緒搶得控制權之後，我們就不可能理智而妥善地詮釋眼前的各種資訊。

當我們因爲「過度反應」而心情不好時，我們會責怪自己脾氣太差或氣度狹小——但這種感覺其實正是「自我」的過度膨脹所造成的結果。在人類內心的權力鬥爭裡，我們希望自己的意見、感受與行爲都受到肯定，爲什麼呢？因爲我們缺乏安全感。

雖然某些佛教僧侶可以做到完全的「無我」，但我不認爲其他人也能做到一樣的程度。相反的，擁有「自我」是成爲人類的基礎條件。一般人的理想目標，應該是要仔細辨明，防範被自我控制，還有採取必要的步驟，預防各種不健康且具破壞性的情況。

我之所以如此強調自我與環境，是因爲這兩個元素定義了人類探索世界的方法。我們無法決定自己的出身，卻可以替自己的未來負責。人不應該受到環境與機緣的限制，我們可以成長並且改變人生。

讓我們可以擺脫自我的方法之一，就是我現在提出的「生命回顧」。靈魂昇華至彼世時，我們會重新體驗到自己在世時的作爲與不作爲，對其他人的生命產生了什麼樣的衝擊。然而，所謂的生命回顧，並不像電影結束時的跑馬燈。

生命回顧不能只有一次，而是循序漸進的有機過程，把人性的成長、視野與全世界的互動都交織在一起。於是，我們可以跳脫「單一個人」的視野，開始用「無限存在」的角度觀看世界，以及自己扮演的角色。

人類成爲靈魂之後，也會用如此直接的方式理解自己的生命。由於恐懼或羞恥，生者通常難以承擔責任或坦承缺點，死後就會明白這些情緒只會加重生命的負擔，終於能夠放下。通靈時，彼世靈魂一再提醒我這些事情——這些靈魂可能已經離開人世長達四十年，在世時也不曾如此省思過自己的思想與感受。

我替《脫線家族》的演員克里斯多佛·奈特通靈時，他非常驚訝死去的父親居然現身，並且替當年沒有善盡父職而道歉。他的父親之所以會道歉，部分原因就是在死後進行了生命回顧的關係。奈特的父親在通靈時坦承，自己已經完全明白當初的失敗對家人造成了什麼樣的衝擊，也爲了自己活著的時候沒有看出這個道理而感到抱歉。

一開始，奈特的反應是：「人死後也會成長嗎？因爲我的爸爸一生從來沒有道歉過。」

很明顯的，奈特對父親的所作所爲仍然無法釋懷。根據通靈時顯現的訊息，我認爲人類死後的靈魂仍然會繼續成長。人類一旦擺脫了自我的限制，視野就會更加寬廣。假如某個人生前非常壓抑情感，頑固追求內心的「是非」，把個人尊嚴放在家庭關係之上，他死後的靈魂反而不會在乎這些東西了。

死亡讓我們清楚看見短暫的人生會對生命的全貌造成什麼衝擊。這些寶貴的教誨不是來自於審判或懲罰，而是自然而然的靈性成長。生前冷漠的家庭成員願意道歉並承擔責任，背後的原因不是處罰，而是更有意義的事情。因爲他不再受到自我限制，可以純粹理解一切。靈魂昇華到彼世之後，已經不需要捍衛尊嚴，也不必繼續固執了。

奈特的父親把更寬闊的生命理解分享給兒子之後，活在世上的家人得到治癒，從痛苦中釋懷，也讓奈特的父親解脫了。

從胚胎到出生，嬰兒沒有辦法阻止自己的成長過程，而死亡就像是重生，靈魂在重生的過程裡，意識會不停擴展，其成長、改變與眼界大開，也是自然而然的結果。就算最世故老練的人也無法逃脫這個過程，因爲世故老練只是單一特質，無法定義一個人的靈魂。當我們的生命狀態產生了移轉和發展，對於自己在寰宇世界裡扮演什麼角色，也會孕育出嶄新的理解。

擺脫自我時，許多人會感到不適。要做到無我，必須放棄我們對自己的所有想法，割捨一切的能力、天賦和成就，也必須放下讓我們成爲今日模樣的社會倫常，但這一切到底意味著什麼？多數人活著的時候，只會知道自己的單一特質，因爲其他人會用這個特質記得你、稱呼你，於是你有了名字與獨特的身分。但最重要的是，就算沒有了自我、身分、名字、特質甚至是肉身，我還是我。

死後靈魂移轉時，自我構成的帷幕會被掀開，我們也會開始認知到自己與這個世界的關係如此緊密。我們不會忘記生前的記憶，但對自我的認知已經不會受限於原本的單一特質。幸運的話，也許我們的壽命會有八、九十歲，而我們成爲靈魂之後，視野的範疇也會擴展，得以窺見自己的生命在宇宙時空裡，創造了什麼樣的影響。靈魂可以找回生前的特質，例如肢體動作、小習慣以及各種關鍵要素。在通靈時，這些特質有助於活著的親友辨識出靈魂的身分。雖然通靈時現身的靈魂仍然擁有原本的特質或習慣，但這不代表他們還會受到這些特質的限制。

輪迴

幾乎每次通靈都會有人問我關於輪迴的問題。我偶爾可以窺見輪迴，這是最糾結複雜且撼動人心的過程之一。我在保守的天主教家庭長大，從來沒有人會嚴肅看待輪迴。隨著這些年的通靈經驗，我才慢慢理解這個概念——它與我過往的臆想和定義猶如雲泥之別，我甚至花了一些時間才能夠捕捉其中意義。

我們的靈魂絕對不會停止成長，這是非常明確的真理。我們在今生學習，抵達彼世之後，也能夠繼續成長，並且顯現出自己的成長。靈魂從彼世開始自己的靈魂旅程，拓展經驗、汲取智慧。我對輪迴的理解大概就是如此。

但是，我接到一位銀行家打來的電話，此後發生的事件讓我措手不及。他從朋友那裡聽到我的事情，並且坦承自己不相信通靈。我發現他不是不相信，而是鄙視通靈，所以我也不是十分樂意替他通靈。他非常不快樂，精神還有點錯亂。顯然的，我是他最後的希望，他卻不願意坦承自己正在面對什麼樣的問題，也清楚表示自己不期待我能幫上什麼忙。

到了約定見面的當天，銀行家赴約時，雙唇緊閉，不願透露任何資訊。我閉起眼睛，聚精會神，但一開始只能感受到他的冷漠。他主動尋求我的協助，卻又拒我於千里之外，當然讓我非常沮喪。但我慢慢感受到他藏在冷漠裡面的情感了，原來是恐懼。我開始覺得非常有趣，爲什麼這個人的能量裡居然有這麼強烈的恐懼？

隨後我感應到了第一個靈視。我就像移動到一個小孩身上，從他的眼中看見母親。那是一個遙遠的年代，那位母親一邊尖叫，一邊悲求某個男人，而孩子身上的感覺是無助且驚慌。我能肯定這個感應來自於一位逝去的親人，但背後的意義太過複雜難解。那應該是一九三〇年代，表情嚴峻的男人年約五十中旬。推算起來，當時的小孩現在應該已經九十多歲。莫非是銀行家的祖父失去祖母？我想感應更多細節，但沒有任何訊息出現了。遇到這種情況，代表靈魂指引者在提醒我：「這就是你需要傳遞給委託人的所有訊息了。」

我也確實把感應到的訊息轉達給銀行家。我看著他的眼睛，知道他鄙視通靈，所以根本不知道爲什麼他會想找我幫忙，也不清楚我要怎麼幫忙。我只能看見一場悲劇，而我無法從中詮釋或解釋任何意義。我一邊說，一邊推測他會嘲笑我，或乾脆起身離開，想不到他卻點頭表達同意。他說，當初介紹他來找我的委託人，就是他的妻子。他從童年時期開始，就飽受同樣一個惡夢折磨。惡夢的場景是一九三〇年代的柏林。他必須反覆在夢裡承受失去同樣一個女人的恐懼，但他根本不認識這個女人，因爲這個女人是他前世的母親。

認識妻子之前，他還能夠忽視這個惡夢。但兩人相遇之後，惡夢開始變得更可怕。他與妻子認爲彼此在一九三〇年代的歷史裡有些牽連。事實上，兩人都感受到一股母子關係般的連結，不知道應該怎麼向別人傾訴，也不曉得如何是好。我之前從來沒遇到這種情況，完全不知道該說什麼。這是我第一次接觸到人類的前世，而更深層的發現是前世竟然能夠影響到今生。我唯一能做的是請他們夫婦尋求專業的精神協助，才能處理他們面對的特殊問題。

通靈時竟然出現與人類前世有關的感應，我也因此困惑了好一陣子。前世感應通常來自於特定類型的委託人，他們正在面對無法解釋且持續發生的情緒困難與痛苦，唯有前世經驗可以合理解釋這種情況。許多因爲「前世感應」登門求助的委託人，早就已經尋求過心理治療或精神科醫生的協助，當然也嘗試過一切可能的選項，只希望讓自己擺脫痛苦。對他們來說，我是最後的希望。然而，他們自己也明白要求靈媒解決如此難以理解的謎題，其實「非常愚蠢」。從某個意義上來說，他們是對的。既然我自己都無法釐清思緒了，當然沒有辦法自在地詮釋或解釋。

於是我只能描述自己的感應所見，並未提出任何解釋。通靈結束時，我也會分享自己看見的隨機意象，但這些意象從邏輯上來說，不可能與委託人的今生有任何關係。一般來說，假如我描述的事情並非來自於今生，委託人的反應都會非常驚訝，但有時候我看見的會是委託人內心特別害怕的事物，或者難以解釋的厭惡。於是我和委託人都會不禁思忖是否還有更多的詮釋空間，也許必須回到前世才能徹底明白。

我愈是思考，愈是相信前世今生。畢竟，如果靈魂確實會持續演化，我們當然也會經歷不只一次人生。如果人有今生，就沒有道理否認前世的存在。我開始深度閱讀相關書籍，對輪迴也愈來愈有興趣。在我原本的世界觀裡，輪迴是一道知識的缺口，我希望找到自己有共鳴的資訊，也想要填補知識的缺口。我特別想知道「輪迴」與「死者溝通」要如何並存。畢竟，如果靈魂會輪迴，我又怎麼能與靈魂溝通？他們不是應該進入新的輪迴嗎？

書本裡沒有答案。隨著我愈來愈熟悉通靈交流的過程，我才開始有點理解輪迴。我發現，有些靈魂現身的時候，是代表另外一個靈魂說話，因爲他們本身是比較強勢的溝通者，但也可能是不能說話的那個靈魂已經無法現身，因爲那個靈魂投入了輪迴？在指引者的幫助下，靈魂本身不需要直接溝通，仍然可以把前世的訊息轉達給世間的親友。我也開始思考另外一個機制。靈魂契約或許能夠影響一群人，在某些情況下，一群靈魂可以等到所有人都在彼世團聚之後，再一起投入輪迴。

在我下定決心理解輪迴之後，一些非常厲害的靈魂也開始向我分享相關經驗。他們解釋，假如某個人用一輩子還沒學會特定的啓示，輪迴就是讓他繼續學習的一種方法。人類的靈魂在死後離開肉身，昇華到彼世，但仍然擁有前世的完整記憶，並且在「通靈現身」時會想起過往。相形之下，多數人無法在今生想起前世的記憶，是因爲惦記太多東西，只會阻礙我們學習今生的課題。如果掛念前世或思念前世的家人與朋友，只會讓我們分心。一次輪迴不應該同時帶入前世與今生，才能讓我們順利學習並且妥善經營。

即便靈魂投入輪迴，重新回到這個世界，靈媒有時候還是能感應到他的前世並接收訊息，甚至傳遞靈魂在輪迴之後才學到的洞見。換句話說，如果靈魂想要傳遞訊息給我，不見得一定要待在彼世，就算他投入輪迴，活在這個世界，但前世的訊息已經深植在靈魂裡，在正確的時機，可能就會傳遞給我。

我不能宣稱自己完全明白輪迴的道理，也看不出來我們究竟經過了多少輪迴、誰曾輪迴、誰又不曾輪迴以及誰在什麼時候投入了輪迴，更沒有辦法告訴各位究竟是「誰」或「什麼」掌控輪迴的過程。但我感應了許多前世的訊息，十分相信輪迴是靈魂旅程的一環。輪迴，究竟對人與人之間的相互聯繫和人類的歷史發展造成什麼樣的影響，答案肯定令人驚訝。

這是最難解的浩瀚生死之謎，也許過於糾結複雜，根本不是人類的智慧能夠理解的。或者說，生命和宇宙裡的難解謎題與無窮疑問，本身就是我們應該虛心學習的啓示。

第六章

靈魂印記

共時性事件

各位可能會以爲，經歷上千次的通靈後，我已經獲得許多問題的解答。事實上剛好相反，我心裡反而冒出更多疑問。通靈天賦讓我明白，這個世界遠比人類想像的更迷人、更神祕且更多層次。身爲靈媒，我只是一個渺小的媒介，讓更偉大的能量可以現身而已。

通靈不只會對委託人產生影響，靈界訊息造成的衝擊更是無遠弗屆。親眼見證這個事實，讓我覺得非常驚奇。靈魂可以藉由改變生者的生活環境傳遞訊息，不必間接經由我的轉達。他們能夠用「共時性事件」來傳遞，也就是一切雖看似巧合，但卻都是精心安排的事件。

我不但在自己的生活裡親眼目睹過令人瞠目結舌的共時性事件，也曾經親身成爲別人生命裡共時性事件的一部分。我不見得知道自己成爲別人生命旅程的一個片段，但事後回想就能發現冥冥之中早已注定。

這樣的事情就發生在我與一位朋友的午餐聚會。姑且稱呼這位朋友爲吉姆吧，他後來也會成爲我的摯友之一。坐定位之後，我和吉姆開始閒話家常，想要更瞭解彼此。吉姆提到親人與自己成長的地方時，我感應到了一些畫面，使我能夠洞悉吉姆正在談論的話題。

交朋友的時候，我經常遇到這種難題。我對朋友的理解，往往超過他們對我的認識，至少友誼剛開始的時候總是如此。從某方面來說，這樣的情況很好，讓我可以用獨特的方式理解新朋友的感受。但是，我也經常認爲自己雖然非常理解別人，卻不被別人所理解。

我們持續閒聊，我也開始感覺到通靈時經常浮現的靈媒本能。我猜想，一定是某個靈魂想要傳遞訊息給這座擁擠餐廳裡的某個人（這種情況比大家想像的更常發生）。我也顧不得尷尬，直接讓吉姆知道我必須把內心感受的東西說出來，才能找出靈界訊息的收件人。幸運的是，吉姆反而覺得很有趣。得到吉姆的同意之後，我心情非常輕鬆，也開始感應到更多細節。

「我感應到桃樂絲這個名字，以及槍枝走火打中某個人。」槍聲穿越了我的耳朵。

「事件應該是發生在清理槍枝的時候。」我一邊說，一邊也看得出來吉姆與這些事情無關，但他仍然敞開心扉地專注傾聽，好像很想要知道後續發展。

片刻之後，吉姆問我們下一步應該怎麼做。我很失望，吉姆似乎沒有反應，但我的心裡仍然有一股互相矛盾的感受。我認爲這些訊息表面看來是要傳遞給吉姆，但與吉姆本身沒有任何關係。我完全弄不清楚到底怎麼一回事——一般來說，如果靈魂想要把訊息傳遞給與通靈本身無關的人，也會讓我知道這個人與收件人之間的關係是什麼，或者收件人的名字。更疑惑的是，我其實沒有感應到任何人因爲槍傷而死。我只是看見了一場單純的槍枝走火意外，但感應不到現場任何人與這場意外有關。

隨著夜幕降臨，我還是擺脫不了心裡的感受，我應該要想辦法處理稍早用餐時感應的資訊，但我不知道該怎麼做。我愈是分析，愈是不解。我也明白眼前的資訊不夠充足，貿然進行理性分析，只會導向錯誤的詮釋。

如果我希望得到驗明，並且全盤理解通靈時感應的訊息，如實傳遞永遠是最好的方法。靈魂知道自己要表達什麼，我的意見只會造成混淆或誤解訊息的原意。所以我決定不要貿然詮釋，也暫時不要對任何人提起。

事後證明我這個選擇沒做錯。隔天早上起床時，我發現手機裡有多通未接來電，全都是吉姆打來的。此時電話再度響起，我一接起電話，吉姆便急急忙忙告訴我，他昨天回家後，向家族成員打探是否有人知道相關的事情。結果令他相當意外，吉姆的遠房親戚提到了祖母的故事，吉姆與她之間的關係很遠，並不認識她，而她的名字就是桃樂絲。

桃樂絲過世之前，吉姆的遠房親戚正在與她通電話，討論另外一位家族成員當時發生的槍枝走火意外。桃樂絲說自己知道的不多，只知道家族成員幸運地活下來。桃樂絲掛上電話前，承諾會去打聽到底是怎麼一回事，再把完整的故事告訴吉姆的遠房親戚。

但吉姆的遠房親戚再也沒有接到桃樂絲的電話。桃樂絲掛上電話不久以後，在搖椅上突然撒手人寰。她沒有機會把完整的故事說給孫子聽了。因此，我們終於能夠確認在餐廳裡浮現的兩個感應——桃樂絲與槍枝走火意外——究竟是怎麼一回事。我從來沒有這麼奇怪的通靈驗明經驗。桃樂絲不認識吉姆，但吉姆認識桃樂絲的孫子，於是她抓準了機會，想把訊息傳遞給我們。雖然我很高興能夠找到訊息背後的連結意義，但仍然很疑惑，不清楚爲什麼能夠建立這種連結。吉姆與桃樂絲之間的距離似乎太遠了。

但「似乎」就是重點。隨著通靈的經驗日漸增長，我愈來愈能留心彼世靈魂的聯繫有多麼緊密。活在人世間的感覺就像是住在紐約的某條街道，假如兩個街道之外發生了車禍，你無法用全稱視野來親眼觀察。但是，如果有一位洗窗工人當時正在三十層樓高的位置工作，他當然有辦法看見車禍現場。

洗窗工人跟我們一樣都只是平凡人。但因爲他站的位置夠高，才能看得更寬更遠。同樣的道理，彼世的靈魂雖然也是人，但他們的位置允許他們看得更寬闊。只要弄清楚這個道理，就能夠明白桃樂絲爲什麼可以看見孫子的生活與人際關係，也會知道孫子的遠房表親就是吉姆，而我是吉姆的朋友，她能夠與我溝通且傳遞訊息給我。

我的靈魂指引者曾經說過，彼世的靈魂有許多動力想與生者溝通。以下是彼世靈魂想要傳遞訊息與跡象給生者的常見原因，還有生死溝通會帶來的影響：

1. 死者希望讓生者明白，生命在死後不會消失，期盼生者可以免於恐懼，活得更自由。

在死亡之前，人類對恐懼與其作用的理解，停留在世俗生命的層次。恐懼是一種生理的本能反應，爲的是避免危險，以保護生命安全。人類的心理也一樣會有恐懼情感，例如害怕失去、害怕受苦或者害怕未來。然而，人類死亡之後，恐懼就失去驅動人類的力量了。恐懼與其效應只對生者有效，一旦化爲靈魂，就不會受到恐懼的箝制，堪稱是極大的解放與自由！

恐懼本身並不是件壞事，就如同「自我」一樣。適度的恐懼可以保護我們的身體——例如我們被一頭大熊追著跑的時候。但恐懼也會阻礙我們前進，或遮蔽我們的視野。

死後的靈魂無須擔心身體的安危，我們才能眞正理解生命中的對立、衝突和挑戰所給予的美妙機會，以及我們又能在克服難關時學到多少東西。擺脫自我，才能更客觀地看清生命裡令人恐懼的各種情況，理解生前應當學習的課題——一旦學會了這些啓示，靈魂永不遺忘。

因爲恐懼，我們把能量、注意與目光專注在今生。經由通靈，彼世靈魂現身說法，讓我們明白「擺脫恐懼」是靈魂昇華的關鍵。

2. 死者想要分享啟蒙後的寬闊視野，希望造福生者的生命。

除了讓我們明白，生命在死後不會消失之外，死者的靈魂也想要給予我們一些指引。死者的靈魂從人世昇華到彼世，我肯定他們有許多話想說，也有許多値得我們學習的眞理。無論是讓親友從自己的錯誤中學習，還是爲了生前的作爲負責，彼世靈魂都能夠深刻地協助生者獲得治癒。靈魂也能協助、鼓勵和建議生者如何改善我們的生命品質。靈魂得到了全新的視野，也想向生者分享，以造福我們的生命。

來自親人的警告

有位委託人的案例非常有趣。她是一名害羞的女孩，跟我年紀相仿。她的父親在幾個月前過世了，過了一個月左右，她開始在夜裡夢見父親，夢中的畫面非常清晰。在夢裡，她父親的模樣與她的記憶完全相符，不過氣氛卻異常嚴肅，這是父親生前少有的。

她的父親以鮮明的形象站在她面前，勸她離開男友，因為對方對她不忠。第一次夢到父親時，她理智地思考，認為這是因為潛意識裡對這段感情的不安全感，以及父親在她內心的份量過於沉重，才會引發這個夢境。

然而，第二天晚上，她又做了同樣的夢。她相信這是父親的靈魂來訪與潛意識投射的共同結果。到了第三天晚上，她還是做同樣的夢，她開始擔心了。她完全不想向男友坦承這件事。她非常愛這位男友，把這件事攤開來談只會徒增尷尬。整整一個星期，她都被同樣的夢境縈繞，於是，她決定來尋求我的建議。

究竟這是一場荒唐的夢境，還是女孩父親的顯靈？我並未從她父親的靈魂身上得到答案——我非常想要和她父親交流，卻感覺不到他的存在。事態變得很詭異。假如她死去的父親如此急著在夢境裡傳達訊息，爲什麼不把握靈媒在場的機會，清楚表達自己想說的話呢？

眞相是，他與女兒之間的情感非常私密，所以不想對陌生人仔細探討如此重要且隱私的事情。女孩也驗明這確實是父親生前的性格。他從來不向陌生人敞開心扉。雖然我認爲死亡會讓他得到全新的觀點，改變他與他人相處的模式，但他很明顯地還處在擺脫自我的過程裡。畢竟，就算是靈魂的成長，也不會是立竿見影。

我已經處理過無數次親人託夢的事件。女孩描述夢境的情況，完全符合「親人託夢」的條件，關鍵就是「畫面鮮明」。許多委託人夢見親人時，都會覺得夢境彷彿現實生活。一般的夢境通常毫無道理、時序錯亂且模糊多變，但親人造訪的夢則是非常清晰眞實。除此之外，無論夢境的時間長短，委託人都可以記得夢裡與親人的互動。直覺敏銳的人能夠明確察覺親人託夢，非常難以忽視。

六個月之後，女孩回來找我，坦承她與男友已經分手。儘管女孩沒有向男友提到父親說的事情，但她趁著男友睡著時，檢查了他的手機。父親所言爲眞，男友在最近三個月裡，一直向另外一個女人發送內容相當不妥的簡訊。雖然女孩的父親非常冷漠，但這個例子也證明了，我們深愛的親人在死後，確實會分享他們關於生命的洞察，並且指出生命中的重要機會。

3.藉由與生者交流，死者完成自己的靈魂課題。他們希望生者聆聽自己的聲音，並且把愛回饋給生者。

一般人認爲聽到死者訊息之後，生者會得到情緒的解放，而同樣的道理也適用在傳遞訊息的靈魂身上。靈魂往往會迫不及待地分享自己死後看見的洞察。從某些通靈案例來看，假如靈魂反覆持續現身，顯得相當緊張，我認爲他們需要傳遞訊息的原因，是爲了讓自己在靈魂昇華的過程裡順利前進。在這些案例裡，通靈出現的靈魂並沒有不悅的心情，只是身懷使命。那種感覺就像你急著想要處理跟親人之間的衝突，或者分享足以改變他們生命的訊息。他們傳遞這些訊息之後，我可以非常明確地感應到他們的喜悅與解脫。

4.死者想要我們知道，我們並不孤單。

死者的靈魂希望提醒我們，他們的能量永遠與我們同在。我們的靈魂會經由時間與空間永遠相連與共。**痛苦與孤單是一時的，但愛是永恆的**。

有些委託人非常孤單、絕望且掙扎。雖然與死去親人的靈魂聯繫沒有辦法徹底療癒他們的痛苦，但確實可以讓他們獲得安慰。

生而爲人，我們與生具有「連結」的能力。唯有在願意分享和交流的情況下，我們才能成爲最好的自己。人類的互動關係會在彼世變得更爲重要，因此靈魂才會反覆強調我們的生命必須互相協助。我們永不孤單——藉由互動，我們相互聯繫，替彼此的人生帶來不同。

5.死者想要讓生者釋懷。

第五點與第一點息息相關。許多靈魂想要用極爲正面的角度，傳達自己的死亡經驗。在一次又一次的通靈裡，許多死者提到自己的靈魂昇華之後，很快就得到了心靈平靜，一點也不需要害怕。

有些靈魂說，死後會看見一道光，這道光欣然迎接所有的生命。另外一些靈魂則說自己感受到了神的存在。當然也有一些靈魂，因爲再也無須承擔身體、情緒與心智上的痛楚而感到喜樂。這些都是靈魂對於死亡過程的感受，而死亡的過程預示了他們在另一個世界的「重生」。

「生」是一個完美的比喻。可以把靈魂的重生想像成一波又一波的脈動，其中包括歸於平靜、下定決心以及往前邁進，而這樣的「邁進」就像嬰兒出世一樣，只是方向相反。

「靈魂的反向重生」不但不痛苦，反而非常愉悅。重生會讓猶豫且難受的靈魂，得以從混沌無知的騷動狀態，進入到靈魂昇華的過程。好比子宮內的嬰兒沒有能力知道自己出生之後即將經歷的成長，死者的靈魂剛開始也無法知道另一個世界究竟怎麼一回事。

每位嬰兒出生的過程不同，有些較爲平順，同樣的道理也適用在彼世靈魂的重生。所有的靈魂都必須釋放人性中的恐懼，也必須擺脫恐懼所衍生的不悅感受，例如悲憤與貪婪。大多數的靈魂，會在昇華的過程裡，放下世俗的牽絆，因爲這些牽絆會阻礙靈魂學習在另一個世界的課題。

萬事都有例外。雖然這種情況很少，但有些人會拒絕在死後立刻進行靈魂的昇華，導致他們的昇華過程較爲罕見。儘管靈魂最後一定會前往彼世，但每個人的旅程都不同，取決於我們的個人經驗、背景和靈魂課題。

倘若靈魂能夠放下今生的恐懼，靈魂昇華的過程會十分平順。有些人在死後，基於各種不同的理由，也許不願意放手，其靈魂昇華的過程會變得複雜，可能需要其他靈魂的協助。這種協助就是所謂的靈魂指引，如果死者的靈魂昇華過程非常繁複，就沒有辦法獨自完成。

我想用以下的比喻來簡化整件事情：

就像你與另外兩個陌生人，前往的目的地都是加州。你住的地方距離加州只有幾小時的車程，車子也加滿油了，可以輕易抵達目的地。但是，其中一個陌生人卻住在法國，必須買一張飛機票，坐好幾個小時的飛機，相當費力費時，最後才能抵達加州。另外一個人住在地球的彼端，唯一的交通工具是划艇。你們三個人的目的地一樣，但由於生活環境與擁有的資源不同、前往的方式不同，沿途的體驗也會判若雲泥。

雖然有些靈魂的昇華過程比較漫長或複雜，但這不是一種懲罰——只是單純反應了這個靈魂在進入下一個階段之前，必須徹底理解自己的來處。故事裡的最後一個人，雖然也有前往目的地需要的工具與資源，但是他的過程會與其他兩個人不一樣，也許一路上還會需要更多的指引。就像每個人對生命有不同的認知，**靈魂昇華的過程，也會取決於他是否有能力和意願，放棄世俗萬物與我執。**

靈魂現身時，從來沒有提過地獄或者彼世審判。他們反而更直率地面對自己在世時的種種行爲，承認自己曾經對世間的人做了什麼。在死後，我們都會經歷一段過程，用來理解自己的作爲對周遭的人事物，產生什麼樣的連鎖效應。

我們也可以用全景式的觀點，比在世時更爲客觀地思考自己傳遞給別人的啓示，以及我們從別人身上學習到的課題。死亡讓我們擺脫自我，擴展了我們的同情心與視野，而回顧生命也使我們得到了多面向的學習機會。靈魂不但可以回顧生命，也能夠溯源至生命的最初，甚至反思自己在更爲廣大的人類生命全貌裡，究竟扮演什麼樣的角色。

這個過程既令人謙遜，也治癒人心。通靈現身的靈魂常說，他們看見了自己的生命變得不同，也會由衷感謝改變他們生命的人。對曾經傷害或者對不起他們的人，他們則是懷抱憐憫，也能夠清楚地知道這些人心裡的想法是什麼，又是什麼樣的環境與機緣，導致這些人做出對不起別人的事情。靈魂因此能夠釋懷，並且欣然原諒對方。

人在宇宙中扮演的角色，比在人世間的角色更爲重要，一旦能夠理解這點，就可以看清楚自己與其他人的眞實連結。接受生命最深刻的眞實意義，不只是爲了自己的靈魂，也是爲了周遭所有人的靈魂。我們最後一定會在靈魂昇華的過程裡學會這個課題，但如果活著時就能理解，看待別人的角度就會有所成長，變得更爲寬闊。如此一來，我們便能夠放下個人的偏執，明白人類行爲只是環境與各式條件所造成的結果，努力理解他人作爲，而不是放縱人性的自然反應。生活也會因此變得更爲美好。

靈魂教我的事

我每天都會替委託人通靈，也因而能夠時時刻刻提醒自己，生與死之間如此緊密相連。我們從死者身上學會的道理——自己的行爲如何影響別人，是我們本來就有能力、且應該在還活著的時候努力理解的事情。

我們批評別人的時候，經常把重點放在對方做了什麼壞事；但是，評論自己的時候，卻不在意自己的行爲對別人造成什麼影響。換言之，就是「寬以律己，嚴以待人」。其實，我們不需要等到死後成爲靈魂進行生命回顧時，才開始好好公平地檢視自己，並且將心比心地理解他人行爲。

我第一次接觸這種經驗的通靈案例，是一位剛失去母親的女性委託人。她們之間的關係非常緊張，已經沒有辦法用任何委婉的方式修飾了。她的母親深受躁鬱症所苦，已經不太有能力照顧自己，更別提養育小孩。父親則是在委託人出生不久之後就離開，任憑母親以暴力和忽視毀了她的童年。惡劣的親子關係、顛沛流離的生活以及耗弱生命的毒品問題，委託人的母親最後因爲藥物濫用而孤獨死去。她死去的時候，委託人還只是青少年，就睡在隔壁的房間。

委託人坐在我面前。我還沒開口，她已經充滿情緒。我解釋通靈流程時，她過度陷入情緒，無法專注聽我說話。她一邊擦拭眼淚，我已經能夠感覺到她亟欲解釋自己爲什麼要來找我。她臉上的表情相當痛苦，但當她提到自己從來不曾認眞看待通靈或精神感應時，我也有些驚訝。

我驚訝的原因，是因爲我尙未開始通靈，她就已經流淚哭泣，但她卻說自己不相信通靈。我開始思考是什麼原因讓她下定決心找上我這樣的人。我問她是否攜帶了任何可以協助我專注於通靈感應的物品，她說自己沒有任何屬於死去母親的東西。我請她安心，因爲這些物品不是必須的。我閉上眼睛，開始在筆記本上塗鴉，跟往常的通靈過程一樣。

接下來發生的事情非常詭異。兩個靈魂同時出現。第一個女人的靈魂散發陰鬱黑暗的光芒，讓我覺得非常沉重。陰沉的光芒象徵著創傷，也流露出這個女人的故事。她的一生載浮載沉，最後以悲劇收場，並且精神困在幼童般的心智狀態裡。我感應到一個飽受虐待的人，且從來沒有公平的人生機會。我知道這個女人靈魂就是委託人的母親。

我在筆記本上寫下自己的感受之後，開始感應另外一個靈魂，卻感受到了與第一個靈魂截然不同的對比。第二個女人的靈魂相當清晰，並且充滿了感謝之意。她讓我看見好幾個不同的意象，是一位和藹的母親。她深愛自己的女兒，也提供了無數的指引。第一個女人的靈魂陰鬱且悲傷，而第二個女人的形象卻無比清澈，相當善於溝通和交流。

一開始，我誤以爲委託人擁有兩位母親，也許一位是生母，另一位是繼母（因爲我並沒有感應到祖母的形象）。但是，當我詢問委託人，她的生活裡是否有兩位母親般的人物時，她否認了。母親死後，委託人與舅舅住在一起。

我一邊覺得疑惑，一邊重新思考我寫在筆記本上的感應資訊，卻沒有任何收穫。由於第二個靈魂的連結能量非常強，我的初步想法是釐清第二個靈魂的身分。我想要知道她當初怎麼死的，於是明確感應到她死於中年。我的肺部變得非常不適，代表她死於呼吸道衰竭，通常這是年輕人死於藥物濫用的通靈感應。可是一切非常不合理。第二個靈魂非常關心委託人的未來、健康與生活，不在意自己的死亡。

但是，如果第二個靈魂是悲劇性的驟死，會在通靈時向家人討論自己的死亡，希望解釋情況並且讓家人釋懷。

但第二個女人似乎沒有想要這麼做。她清楚地提到委託人男友的名字，也知道委託人之後要接受手術治療，甚至提醒委託人在通靈前一天，與其他人的一段對話內容。我把這些資訊告訴委託人，她也一一驗明訊息爲眞，掃除了她登門拜訪時對靈媒的質疑。第二個女人爲什麼會知道委託人的訊息？

我開始描述委託人的第二個母親，個性相當穩定，願意溝通交流並且有自知之明。委託人坐在我對面，低頭不語，表情非常驚訝。我不需要通靈也看得出她心裡的困惑，因爲我同樣不解。

我開始有些慌張，連忙閉上眼睛，希望感應到更多資訊。這個女人如此願意溝通，充滿母愛，但卻令人感到疑惑。她用一道短暫的光芒在我心裡留下三個連續的數字：五五五。我非常感謝女人的靈魂留下了這串數字。這組數字似乎有種緊急事態的感覺，非常重要。我完全不明白這組數字的意義，於是我決定保持通靈的步調，並且相信這些資訊。

我開口道出一切之後，委託人的情緒是我通靈生涯迄今看過最強烈的反應之一。我完全無法理解為什麼她會對一組看似隨機的數字這麼激動。這些數字對我來說毫無意義，但是對她來說，五五五代表凌晨五點五十五分，是母親死亡的時間。她在凌晨走入母親房間，發現母親的遺體，床邊的電子時鐘顯示著五五五。她一輩子都不會忘記這組數字。

委託人母親死後的好幾年，她都沒有感受到任何明顯的跡象或體會，從不覺得母親仍然在她身邊。她因此再也無法相信任何主張死後仍有靈魂的信仰。但是，她最近因為某些無法解釋的原因，開始在很多地方看見了五五五這組數字。一開始，她認為這只是隨機的巧合。她看見這組數字，想起當時痛苦的短暫回憶。在回憶裡，她走進母親的臥室，看見眼前令人恐懼的一切。然而隨著日子過去，她愈來愈常看見這組數字。從郵局到雜貨店，她在所有東西上面都看得到五五五，例如價格標籤或收件人地址。

一天傍晚，她下班回家，驚訝地發現自己的鬧鐘也停在了五點五十五分。當時的時間是晚上九點，她再也無法否認母親的靈魂也許想要傳遞些訊息給她。但是，她無法確定自己是不是因爲未解的創傷而精神崩潰，或者母親眞的從彼世聯繫她，所以她才決定隔天早上來找我。

得知這個事實之後，我已經相當肯定第二個靈魂也是委託人的母親。既然確認了她的身分，現在我需要做的，就是重新詮釋先前感應的訊息。由於尚無頭緒，也沒有任何新的線索，我決定用最簡單的方法。我撕下筆記，放到委託人面前，請她過目我寫下的一切感應，其中包括了兩位同時出現的靈魂。

她望著筆記，感覺非常想要知道，我如何描述第一個出現且形象混亂的母親靈魂。她的手指在紙上移動，停留在我寫的「躁鬱、忽略女兒、不願溝通」時，眼眶流出了淚水。

「這才是我認識的媽媽。」她的聲音非常小。

一陣寒意從我的脊椎湧起，我接受到了此生最深沉的通靈感應之一，而這一切來自於一位渴望與女兒聯繫的母親。我的頭頂感受到一陣巨大的壓力，接著被一陣閃光與感官知覺淹沒，這些細微的訊息，可以協助我理解這次通靈委託背後的巨大能量。

當下，我終於明白自己要說什麼了。我可以感覺到委託人的母親正在指引我，掃除通靈過程裡出現的各種困惑。我開始理解了種種跡象背後的解釋，而委託人母親的努力，讓我首次知道共時性事件確實存在。事實上，委託人的母親早就已經做過同樣的事情，只是當時委託人過於悲傷，看不見母親留下的靈魂印記。

接下來的解釋可能會非常奇怪。事實上，我感應到的兩個靈魂是同一個人。委託人的母親死後，在彼世變成一個完全不同的人。她的靈魂產生了巨大的變化，導致我誤以爲她是另外一個人。我現在終於明白，假如我感應到一個不願意溝通的靈魂，實際上，那是因爲我感應到了委託人的情感。從這個委託人的例子來說，第一個不願意溝通的母親靈魂，其實是委託人母親留在委託人身上的情感與印象，而這些情感及印象，與母親靈魂昇華到彼世之後的實際狀態完全不同。

委託人的母親在世時，沒有任何方法可以表達自己對女兒的愛。她被精神疾病和毒品藥物侵蝕，所有的思想與行動都已經受到嚴重的損害。假如她不曾承受如此折磨，肯定是一位非常可愛的母親。

所以，經由通靈現身時，她希望可以把當時無法親自提醒女兒的人生指引，一一交付給女兒。她現在想要善盡身爲人母的職責，但只能從彼世傳達訊息了。更重要的是，她希望女兒明白，媽媽永遠都在，永遠愛她，永遠看顧著她。因此，她用了五五五這組數字創造了共時性事件，因爲這組數字象徵了她的死亡。她只能盼望女兒注意到這個靈魂印記，並且找到交流溝通的方法。

就算我們沒有注意到這些跡象，我們深愛的逝者也不會因而憤怒，因爲他們最重要的目標是分享他們的愛。靈魂印記是愛的證明，但我們可能因爲各種理由而沒有看見。有時靈魂印記相當顯眼，例如委託人看見的五五五，讓她感受到非常強烈的靈魂聯繫。最重要的是，我們必須知道，就算沒有在生活裡看見逝者留下的印記，也不代表他們已經拋下我們了。

雖然通靈現身的靈魂都會成長，視野也變得更寬闊，但有些靈魂才剛開始這段旅程，因此對生命會有不同的理解與認識。我們最後都會到達那個地方，只是每個人的腳步與道路不同。

也許，各位會很意外，雖然每個靈魂的成長過程不同，也不會影響他們與這個世界交流的能力。剛開始擔任靈媒的時候，我不太能順利與剛死去的靈魂進行溝通。隨著時間經過，我發現就算剛離開人世的靈魂，也會順利在通靈時現身，因爲每個人在彼世學習的過程不同。我個人不太喜歡替剛離開人世不滿六個月的靈魂進行通靈，但原因不是逝者，而是委託人——讓委託人可以自然面對悲傷，這是非常重要的事情。委託人才剛承受重大損失，悲傷的心情會阻礙他們接受逝者想要表達的訊息。除此之外，我也很容易因此在通靈的過程裡受到干擾，只能感應到委託人本身的強烈情緒，使我無法專注。我的感應能力有限，也會因此減少接收靈魂訊息的空間。

在這個委託人的例子中，她的母親一直在嘗試傳達靈魂印記。如果她忠於直覺，也許可以更早發現母親的靈魂印記。倘若共時性事件是彼世靈魂最好的溝通方法之一，生者也要有辨識的能力才行，而這個能力就是直覺。靈魂指引者想要提供協助，逝者也想要溝通，直覺就是我們缺乏的那塊拼圖。把共時性事件比喻爲彼世靈魂打電話到這個世界，直覺就是接起電話的必要方法。

有這麼多靈魂想要傳遞訊息給這個世界的人，也難怪我們會聽到很多深刻且難以解釋的神祕故事。然而，還是有許多人希望自己可以感應到逝去的摯愛親友，哪怕只是一小段訊息也好。假如你還在等待，請不要擔心，絕對不是因為你跟親人之間斷了聯繫。保持清醒、懷抱信念，並且相信自己的直覺，你就能夠訓練自己，察覺彼世靈魂傳來的訊息——然後你會發現他們的訊息竟包含了千言萬語。

摯愛親人的靈魂願意從彼世向生者溝通的意願與能力，象徵了生者與死者之間的緊密聯繫，而這份聯繫甚至可以超越死亡，也不會因為我們一時無法感應或察覺而改變。

死者從彼世關懷生者的事實，也證明了他們的愛有多麼堅決。這就是死者能夠教導生者的生命眞理。無論生死，只要願意關懷親人與朋友，同時心存感謝，就能夠讓所有的靈魂一起成長、改變並且治療我們心中的痛苦。

第七章

有關通靈的問題

這章的主題是我最常回答的問題，從通靈經驗、到我如何接受指引者的訊息，以及如何與靈魂互動。

宇宙和靈知世界背後的運作原則十分複雜，我們對另一個世界的瞭解僅是鳳毛麟角而已，這個事實顯而易見，即便腦袋最聰明，或是靈性啓蒙程度最高的人也會贊同。

彼世與我們的世界有如天壤之別。我不會假裝自己無所不知。我只是這裡懂一些、那裡知道一些，不過我總是會盡力詮釋自己接收到的訊息。經過日積月累的實驗，某些詮釋方式，因爲其一致性、以及經過不斷驗證和反覆確認，所以可信度更高，但也有其他的靈界訊息仍然讓我摸不著頭緒。

許多更深層和精神取向的問題，我通常會用類比與譬喻的方式來仔細回答。特定主題的答案非常複雜，所以這只是我所知道的最佳解釋。我是第一位願意承認自己的答案並不完美的靈媒，因爲另一個世界不只神祕，而且無垠無界。我願意提供生活和工作時遇到的例子，藉此支持我的論點。當然，各位也可以自行判斷哪種想法可以引發你的共鳴之後，再決定自己要採納什麼論點。

靈媒的使命不只是把訊息傳遞給委託人，也包括把自己知道的事情分享給全世界。除了分享，我不知道自己到底爲什麼擁有通靈的能力。我也會持續透過書寫記錄，假如我的信念改變了，或者我的想法在通靈過程裡獲得了證明，也會繼續向各位分享。

動物的靈魂會不會顯靈？

當然會！多年來，動物靈的出現頻率，穩定到令人吃驚的地步。我感應過許多動物的靈魂，包括小狗、小貓與小鳥。萬物之間的聯繫當然會持續存在，牠們的靈魂也一樣。

我沒有辦法和動物的靈魂「對話」，因爲我不是動物靈媒或寵物溝通師。然而，由於我可以經由感應得知靈魂的死亡方式和生命的細節，也能夠對動物產生同樣的感應。通靈交流不需要特定的語言，所以我可以從動物的靈魂身上感受訊息。

我想所有動物的飼主也贊成這種想法。畢竟，人與動物之間的交流和陪伴關係，可能比大多數的人際關係還要親密。動物死去之後，交流能量持續發揮效果，也是相當合理的事情。

輪迴轉世不會限制人類的靈魂，毛茸茸的動物朋友當然也是如此。對動物來說，輪迴也有其意義，但輪迴不會限制牠們表達對人類的感謝與關愛。

我最深刻的動物感應經驗，是在節目上替女演員珍妮弗・艾斯波西多通靈。我們在紐約當地一間非常寧靜的麵包店見面。珍妮弗的心胸開闊且仁慈有愛，她帶了一條相當陳舊但充滿愛意的小領結。

我一手握著這條領結，一手隨意在紙上書寫。珍妮弗很期待與某個特別的靈魂建立聯繫。我感應到她的祖母和許多遠房親戚，但注意力全被一個持續浮現的能量吸引，對方反覆提到自己的名字是法蘭克。

我把注意力放在法蘭克身上，感應到「持續衰弱」的符號，也就是一張醫院病床，代表健康狀況持續惡化。一開始，我有點弄不清楚狀況，但我很明確感應到此人的死與其他生靈有關，但又沒有他殺或家屬簽字放棄治療的跡象。

直到我看見一團金色的毛球之後，才知道自己找錯方向了——因爲這個靈魂不是傳統定義的「親人」。我手上握著成人配戴的領結，腦海閃過了一隻黃金獵犬的模樣。

珍妮弗仔細聆聽我說的每句話之後，臉上的表情愈來愈驚訝，並且立刻證實了我的通靈爲眞。小法蘭克是她飼養的黃金獵犬，最近才接受安樂死離開這個世界。珍妮弗深受感動，從椅子上起身，眼眶帶著淚水。她走到另外一個房間，拿出一張照片給我看。照片上是她深愛的黃金獵犬法蘭克。法蘭克當時戴的小領結，就是我手上的這個。

雖然我沒有從法蘭克的身上感應到任何明確的訊息，但還是可以知道牠非常感謝珍妮弗讓牠不必承受太久的痛苦。珍妮弗每次驗明我說的事情爲眞，法蘭克對珍妮弗的愛也變得更加茁壯。

法蘭克很快樂，因爲珍妮弗認出我帶來的靈魂是牠。珍妮弗對法蘭克有非常濃烈的情感，甚至讚美牠陪伴自己度過了生命的高低起伏。對法蘭克來說，珍妮弗則是牠的一輩子。法蘭克能夠這麼強烈地現身，也證明了聯繫飼主與寵物之間的愛是如此美麗，甚至超越了死亡。

動物會投胎轉世嗎？

正如人類的生命會不斷輪迴，我相信同樣的原則也適用於其他有意識的生靈。投胎轉世是一個令人困惑的主題，主要的概念在於靈魂會不斷進化。生命的各種型態，提供了靈魂不同的學習機會，而這些學習的經驗會保存於靈魂裡，在來世也有必須追尋的生命目標。

動物靈魂轉世的例子來自於一位匿名委託人。二年前，委託人的德國牧羊犬死了，他與德國牧羊犬之間的情感聯繫可說是密不可分。牧羊犬死後，他將火化的骨灰收在小甕裡，放在書櫃的最上層。歷經長久的悲痛過程，他終於決定從收容所裡領養一隻小狗，消除自己的痛苦和孤單。

新來的小狗剛來不久，就會去當初德國牧羊犬嚥下最後一口氣的地方。幾個星期之後，那裡已經成爲新來的小狗最喜歡休息的地方。小狗選擇那個地方很奇怪，因爲那是洗衣房的一個擁擠角落。

隨著時間過去，小狗已經慢慢適應在新家的生活。某天，委託人下班回家後，聽到小狗在書櫃前興奮地吠叫。他覺得很奇怪，但一開始也無從得知小狗究竟在對什麼東西吠了好幾個小時。委託人後來發現可能是牧羊犬的骨灰甕，於是便決定把骨灰甕拿到屋外，看看新來的小狗會不會停止。奇怪的是，牠仍然叫得很興奮。委託人因此非常困惑。

幾個月後，委託人也開始留意到一些無法解釋的跡象。小狗對於牧羊犬留下的許多東西很敏感。委託人開始懷疑這不是小狗聞到牧羊犬味道會有的正常反應。小狗開始在固定的地方等待委託人餵食，牧羊犬以前的餐碗就放在那裡。外出散步的時候，活力旺盛的小狗竟會自然而然循著老牧羊犬生前最喜歡的路線。委託人唯一想到的合理解釋，就是老牧羊犬轉世投胎成這隻新來的小狗。通靈結束時，委託人認爲新來的小狗可能是牧羊犬的投胎轉世，所以相當欣慰。坦白說，我不能確定自己的想法——但至少，我也認爲新來小狗的行爲和老牧羊犬之間建立了某種聯繫。兩隻寵物都深愛這個主人，同時也是他最好的伴侶。

你相信上帝嗎？

相信，但我必須先解釋我對上帝的定義。各位可能已經注意到了，討論通靈的時候，我會盡量避免使用「天堂」或「天使」等字眼，而是用「靈界」。如果我要談天使，也會用更廣義的「靈魂指引者」一詞。背後的原因當然不光是謹慎起見，而是只要我並不是百分之百贊同特定詞彙的各種意涵，就會避免使用，以免令大家產生聯想。爲了敘述精確，我也會迴避使用符合特定信仰的詞彙。

「上帝」這個字充滿了宗教意涵。我內心信仰的上帝，代表的是靈性的最高權威，並不局限於宗教上的定義。

爲了清楚解釋我的想法，我必須先聊聊自己的宗教背景，才能讓各位理解前因後果。我出身於虔誠的天主教家庭。年幼時，我曾參與青年團契和教會服務。宗教令我非常著迷，我甚至考慮過以後要成爲牧師。我認識很多人的信仰觀念完全建立在傳道者所傳達的教條上，但我一直認爲教條非常局限。

我由衷希望能夠理解宗教信念的歷史與脈絡，因為宗教信念是我人生的指標。因此，我曾經努力想要理解天主教。

教會成員彼此分享了深刻的情感和體悟。我站在教堂裡，聆聽佈道者講述關於生命的種種經歷，與教會成員之間產生了某種精神上的聯繫，也認為崇高的宗教權威用精神指引的方式，回應了我的祈禱。

我從來沒有在教堂外有過這種感覺。教會成員齊聲祈禱、歌唱與做禮拜，就像一起召喚了某個遠遠超乎我們想像的存在。

教會可以滿足我的內心需求，但前提是我必須感到安全自在，否則不會有令人舒適的良性互動。

我很快就明白，教會可以鼓勵、提升甚至養成一個人的自尊，也能夠疏離並且摧毀一顆年輕而敏感的心靈。假如教會成員或佈道者的理念相當嚴苛，情況就會更嚴重。愈是明白《聖經》特定教條的歷史脈絡，我就愈是知道應該如何看待《聖經》。

《聖經》只是兩千年前的人所寫的一本書而已。他們生活的時代和文化與我們不同，他們的法律和倫理與現代社會也不完全相容。許多天主教會仍然用字面上的意義理解《聖經》裡的故事與教誨——例如誹謗女人和同志，贊同奴隸和一夫多妻制度。

教會另一個讓我擔憂的地方，在於他們經常以「恐懼」要脅信徒必須行爲得宜。最主要的恐懼來源是深怕地獄。我完全無法理解這件事情。十三歲的時候，我已經從彼世感應並詮釋了至少一百次的訊息，但沒有任何一個靈魂表示自己受到地獄業火的燃燒。教會傳遞的地獄恐懼，完全抵觸了我的通靈經驗。

更糟糕的是，地獄也違反了上帝充滿慈愛的形象。倘若上帝無所不知、無所不能且無所不在，爲何偉大奇妙的上帝需要藉由永恆折磨的痛苦來要求世人的崇拜？這種舉動聽起來像是低俗的人類暴君，不是無所不能且無所不在的造物主。

在追求虔誠的旅程裡，我總是竭盡所能要求自己必須保持客觀。到最後，我發現自己陷入了精神掙扎，一邊是相信宗教組織，另一邊則是忠於個人信仰。兩者雖互有關連，但不可否認仍有根本上的差距。

宗教提供的希望、人際網絡、世界觀和道德情操，絕對有助於人類的精神成長，然而，宗教要求人的無上信仰，必須無條件的服從特定的教條與信仰形式。除此之外，宗教也需要研讀、努力與維護信仰。各位肯定能夠明白我的精神信念相當堅強，但這份信念來自於日常生活，無須額外維護。我只相信特定的基礎事實，我的內心總是與之共鳴，更勝過於任何佈道者的語言或文字。

因此，我從「信奉宗教的人」轉變爲「有信仰的人」。我信服的對象也從「宗教的上帝」變成了「精神的上帝」。我發自內心地相信，這個世界上肯定有一個內在的創造者，祂孕育了世間萬物並且與之互動。雖然家庭教育希望我崇拜充滿人性的上帝，祂會賞善罰惡，但我對上帝的信仰讓我更想探求自己的內心。現在，我認爲上帝是一種巨大的創造力，我們不只是創造品，更是其中一份子。教會的集體祈禱讓我得到文字難以言喻的自我實現，但背後的原因並不是我們共同詠唱的文字或教條，而是教會成員一同感謝造物主時所展露相連與共的情感。這種情感無須任何宗教形式。所有願意向「更高存在」奉獻自我並且分享熱情的團體，都能夠得到這種情感。我的精神讓我知道上帝的所在。無論宗教文本怎麼說，我相信每個人都可以找到這種精神聯繫。

你相信「附身」這回事嗎？

只要有人問到附身，我猜想他們的心裡都是電影《大法師》的畫面，而我猜的十之八九沒有錯。大家似乎特別關心「邪靈附身」這個話題，意思是一個人無法控制自己，而且被一種不明的惡意能量所控制。我一直不喜歡打破別人的幻想，但我眞的從來沒有在通靈時，看到任何一個稱得上附身的例子。

在現代，許多疑似附身的例子，都可以用癲癇、精神分裂或其他醫學症狀來解釋。在千百年前，附身之所以十分常見，是因爲當時的醫學知識無法理解腦部或精神疾病。於是古代人創造了「邪靈附身」這種說詞，一方面讓自己安心，另一方面，由於他們非常害怕這種病徵，用「邪靈附身」來解釋，會使他們以爲自己有能力處理這個狀況。

古代的精神病患因此被誤認爲是受到惡魔的影響，惡魔的形象也就接近了人類本身的形象。用「惡魔附身」或「邪靈附身」來解釋精神疾病，讓古代人也認爲可以藉由巫師的力量來驅逐惡魔。許多年後，驅魔的工作交到祭司手上。事實上，驅魔只是一種捏造的治療手法，用來處理古代人無法理解的疾病。

儘管我對所謂的惡魔附身抱持懷疑的態度，但我絕對相信彼世的靈魂能夠影響這個世界的生命。我發現，許多生者都會因爲彼世靈魂的精神能量，產生了認知上的轉變，具體的形式可能是共時性事件，或是不自覺留意到各種暗示等等。

但根據我個人的定義，附身並不是彼世靈魂影響我們的方式。感應到去世的親人，或者注意到靈魂給我們的指引，這並不是附身。雖然彼世靈魂能夠影響我們的意識，但我們還是可以控制自己的身體與心靈，因此不符合「附身」時會產生的無力感。

就算眞的有附身這種事，我猜想只有非常厲害的靈媒才能夠處理，而且是在十分極端的環境條件下才有可能發生。我個人認爲附身很有可能是一位直覺感應很強，但尙未仔細思考自己能力的人，把強烈的身體、心智和精神感應誤認爲附身。他必須夠敏感，而且容易受到影響，才會出現這種情況。雖然外界經常誇大通靈者的能力，但即便是最出色的靈媒，也認爲通靈不會讓靈媒本人產生認知錯亂，或者忘記自己的身分。遇到類似的情況時，明智的作法應該是考慮當事人是否有精神疾病方面的困擾，而不是貿然認爲他遭到附身。

某些特定的宗教團體相信且恐懼惡魔附身，但這樣只會進一步傷害需要專業精神醫療協助的人。他們並不需要宗教介入。

惡魔與惡魔附身的概念，就像死後下地獄一樣，都是源自於恐懼與控制，沒有任何靈性上的意義。

「拯救信徒免於惡魔的控制」是宗教團體組織使用的手段，讓信徒以爲自己必須依賴該宗教團體。在驅魔的過程裡，被附身的人通常會遭受責怪（但他們其實根本就沒有任何問題）。這些人需要的是專業的心理治療，但宗教團體會指責他們的生活方式、決定和個人行爲的失敗，導致內心出現問題，才會被惡魔附身。

事實上，從醫學的角度來說，這些人根本沒有做錯任何事。探討靈魂與精神時，誠實很重要，但不必因此懷抱恐懼。我可以告訴各位，我從來沒有看過任何事情足以證明惡魔附身是眞有其事，所以不必擔憂。

最常見的通靈訊息是什麼？

每次的通靈互動都很獨特，但經常出現的特定主題還是非常饒富興味。每個人的生活風格、出身背景和過世原因不同，大多數的靈魂都會或多或少地強調以下的主題：

一、寬恕：

「寬恕」是靈魂解放自己的方法。生前極度頑固的人，也會在顯靈時坦承，無論過去什麼事情讓他們憤怒，現在都已經無關緊要了。他們常會提到死後學會如何放開種種不悅，而這些不悅來自於生前過於偏執在令人不快的事物上。

人在成年後，可能不再怨恨童年時的衝突，甚至選擇原諒當初的霸凌者，而逝者的靈魂也會成長，並且改變對自己與他人的看法。死亡是生命的下一個階段，我們會邁入「靈魂的成年階段」，變得更爲成熟。

那些靈魂常說，一旦學會了這個道理，就不會繼續偏執於生前的種種衝突。人死後靈魂不滅，假如永遠放不下某件事，只會帶來巨大的負擔。一旦放開心胸，憤怒與悲傷也就無關緊要了。

二、從自怨自艾到學習成長：

擺脫自我的枷鎖後，我們會開始看清楚，自己在生前究竟耽擱了多少次學習的機會。自憐、沮喪與冷漠無情，這些心態全都無助於成長，但我們往往會發現自己因此受限，難以逃脫。死後的靈魂世界就不會有這種問題。

靈魂出現時常會提到，他們終於明白他人在自己的生命中，扮演多麼重要的角色。據他們說，這感覺就像發現自己其實是一位演員，不只是這場人生戲碼的一部分，同時也身兼旁觀者的角色。即使劇中角色彼此敵對，但演員在鏡頭外還是能夠惺惺相惜，甚至成爲莫逆之交。同樣的道理，生前與我們相互衝突的人，只不過是在扮演他的角色，到了另一個世界之後，所有的靈魂都能和諧共處。

許多靈魂也談到，他們在死亡後，終於明白自己生前的舉動是一種自我破壞——我們有時容易自我毀滅，並且阻止自己得到幸福。每個人或多或少都有這種狀況，只能期待自己做出清醒的決定，克服生命裡最糟糕的陋習和失序的傾向。無數靈魂都曾經坦承，假如當初能夠把自尊放在一旁，他們的生命一定可以變得更輕鬆、更少痛苦。

生命回顧是靈魂昇華到彼世時最有趣的過程之一，我們可以藉此看見生前的所作所爲如何影響自己與他人。

許多靈魂談到生命回顧，坦承生前如果可以多一些自知，不讓錯誤的行爲影響生活，肯定能夠學到更多道理。因此，我們應該要多多認識自己，思考、做決定以及面對周遭環境時，都要有自知之明。勇敢面對各種精神難題，挑戰自己，會讓我們學會更多道理並且銘記在心，更可以幫助我們擺脫精神上的自怨自艾，開始往前邁進。

三、心懷感謝：

對我而言，死後生命最有吸引力的特點之一，就是我們會變得更心懷感謝。彼世的靈魂反覆提到此事，我猜想，他們心中的感謝之情，應該是因爲他們的認知變得更寬闊了。

靈魂常說，他們生前無法理解人事物之間的意義與交互關係，死後反而可以欣然接受。就算是過去極度厭世的靈魂，也會在通靈現身時，對世間的種種一切表達感謝。

人死後可以擺脫自我，靈魂更容易理解在學習人生經驗的過程裡，種種挑戰所扮演的角色，也不會因此陷入生前的負面情緒。如果生者能夠像靈魂一樣懷抱對生命的感謝，我們一定可以變得更快樂。我們應該把每一天都當成是最後一天來活。事實上，靈魂也常鼓勵生者要活在當下，這樣可以掃除我們內心的陰霾，開始心懷感謝，放下過去並且不再恐懼未來。

我們應該時時刻刻提醒自己擁有什麼，否則會被「我們沒有什麼」的想法侵占腦海。感謝之情永遠不嫌多，這是最基本的道理，讓我們隨時看清楚眼前最重要的事情。

前世記憶對我們有益還是有害？

我相信找回前世的記憶，就某程度而言確實有其益處，但我不確定是不是應該鼓勵各位這麼做。我們之所以會忘卻前世記憶，一定有它的道理。前世的記憶可能會阻礙我們學習今生的課題。除此之外，前世記憶可能會帶來紛擾和創傷，通常也不值得耗費我們的時間與精力。

當然也有一些例外的情況。如果某個人循序漸進地找到前世的傷痛，理解傷痛經驗的前因後果，便會帶來正向的結果，因為這對當事人來說是一種療癒。反之，假如某個人深受前世記憶所苦，他就必須謹慎考慮，自己是否眞的有必要做前世的回溯。

現代人所熟知的「探索前世記憶」受到新時代文化的推廣與贊同，被包裝成一種靈性的探索與一連串的靈魂體驗。我本人也很感恩能從各種靈魂體驗裡獲益良多。我們在世時，應該竭盡所能地接納周遭環境，並且努力讓自己變得更好，光是這樣就是非常了不起的成就。

然而，很多人還沒準備好，如果貿然探索前世的記憶，可能會產生難以預料的後果——你永遠不知道自己即將面對什麼情況！

塔羅牌真的有靈力嗎？

塔羅牌也是一種靈魂指引工具。星座、符文、塔羅牌、稜鏡、樹葉占卜，或者其他探索命運的方法，全都是擁有靈知感應的人用來蒐羅訊息的工具。塔羅牌本身的靈力與一般的撲克牌一樣——畢竟它們都是牌卡，然而重點在於使用牌卡的「人」。工具能發揮多少效果，完全取決於使用者本身的能力。

我曾經使用過塔羅牌，因此相信塔羅牌確實可以幫助通靈者整理思緒，分類並且解析各種彼世訊息。天分最好的通靈者也會承認，精準且具體分辨各種訊息細節非常困難，而塔羅牌的功能就像一本參考書，裡面記載各種符號意義，讓技巧熟練的通靈者能夠根據自己的理解，清楚地思考每次感應的意義。

實際上，這也是我對所有通靈方法所採取的態度。唯有在通靈者本身具備技巧的時候，所有的工具才會有靈力。

精通此道的人，會不斷專注於探索靈性世界，這是他們的生活風格。無論塔羅牌、鏡子或符文石，只要能夠保持清澈的思維，思維就會比工具更重要。通靈工具用來協助通靈者整理資訊，但工具本身無法感應任何資訊。最傑出的通靈者都知道重點不在那張牌，而是接受直覺的引導。

你曾遇過其他年輕靈媒嗎？

當然！年輕的靈媒很少見，因爲發現能力、順從天賦，並且經由審愼的練習來提升能力，需要好幾年的時間。如果沒有資深靈媒爲我們開路，通靈這個主題不會受到如此廣泛的探討，我們也更難公開向社會坦承自己的天賦。

認識年紀相仿而且也有相當通靈經驗的朋友，令我受益匪淺。每位靈媒的通靈方法都不盡相同，相互討論之後，就會發現彼此的共通點非常少。話雖如此，但結識能夠使用第六感來探索生命的朋友，確實是一大慰藉。因爲所有人成年時都要面對一些挑戰，而靈媒的天賦會讓生命變得更加複雜。

這個話題鮮少受到討論，甚至略帶禁忌色彩。許多年輕靈媒不習慣自己的感應能力，甚至覺得被社會孤立而不被接受，因此非常焦慮。天賦過人的資深靈媒也可能因爲無法承擔通靈帶來的責任與負擔，使生活變得很辛苦。大衆認爲靈媒可以回答所有的問題，或者處理別人的悲痛，但並不是每個人都有辦法承受重負。新生代的靈媒應該要團結，支持彼此。畢竟我們都是一樣的人。

通靈能力會遺傳嗎？

我對這個問題保持中立。我不認爲自己的通靈天賦遺傳自父母親。他們確實有一般人常見的直覺，但未曾展露身爲靈媒的跡象。

這個問題的核心，應該是超自然的通靈天賦究竟是與生俱來或後天覺醒？是否有任何遺傳特質能夠增強直覺？或者在特定環境裡成長，會不會有助於發現自己的通靈天賦，例如身旁就有靈媒親友的時候？我相信天生與養成也許都有助於發展通靈能力，但通靈能力的起源與基因和環境都沒有任何關係。

如果基因和環境都不是靈媒的能力起源，各位現在思考的問題可能是「爲什麼你有通靈能力？」我的家庭成員從來不討論鬼魂，更別提直覺或者靈視。我在年紀很小的時候，就已經清楚知道自己擁有異於常人的感應能力，但這種能力非常自然，與其他的感官能力沒有任何不同。我唯一的答案是靈媒必須在輪迴裡實現自己的靈魂課題。

我仍然相信每個人的直覺能力都足以進行感應與接收訊息，只是程度不同。

爲什麼我的直覺感應會比別人好？這就像是人人都可以畫畫，但有些人天生善於此道，另外一些人必須找到足夠的動機，進行更多的練習，才能提升繪畫技巧。

我知道自己的回答毫無科學依據，但這種立場迄今最能符合我和其他靈媒的想法。

彼世靈魂是否可以阻止其他靈魂現身？

可以，而且這種情況也會發生。通靈的時候，我會感應到許多靈魂，因此必須把最明確且溝通能力最好的靈魂當成交流目標。

在大多數的情況下，經常會有更善於溝通的靈魂，不經意地取代了溝通能力較差的靈魂。這是相當自然的情況，其中並沒有任何的惡意。靈魂現身時的說服力，取決於他們過渡到靈界後，可以擺脫多少的自我限制。

在某次的通靈經驗裡，委託人是一名年輕男子，雙親因爲藥物濫用而過世。委託人母親的靈魂現身了，她的能量蓋過了委託人的父親。她認爲，委託人的父親還沒有做好準備，無法表達兒子需要知道的訊息。換句話說，委託人的父親還在面對自己的一生與死亡的意義，必須專注在自己身上，所以她才會下定決心阻擋他。

各位一定能夠猜想我在進行團體通靈時，經常會因爲某些能力過於強大的靈魂而倍感重負。爲了減輕負擔，我會在團體通靈前專注心思，把重點放在我想感應的對象，條理分明地進行通靈。例如，我會一起感應因為相同原因過世的靈魂，才能夠記住每個人的身分。

在特殊的情況下，無論我多麼努力，最後只能仰賴靈魂指引者的協助。他們扮演守門人，一次只允許一個靈魂現身，但每個靈魂都有一次機會。當我不知道從何開始，靈魂指引者的協助非常有用！

有沒有遇過相互矛盾的訊息？

很少，但確實有。死亡不會讓靈魂知道所有問題的答案，這是相當重要的道理。我們不會因爲死亡而變得無所不知，所以靈魂要經歷好幾次轉世才能學習與成長。因此，通靈現身的靈魂會依據自己的經驗，提出各式各樣的想法。

靈魂擺脫自我的程度，決定了我會如何看待他們的意見。假如委託人的祖母現身，表明她不喜歡委託人的男友，卻沒有提出明確的理由，我可以判斷祖母的靈魂還處於擺脫偏見的過程裡。生命回顧不是立竿見影，就像生者從經驗中學習，死者在彼世也會慢慢理解自己的生命意義。

我的靈魂指引者從來沒有提出自相矛盾的訊息。他們已經徹底擺脫自我，不會因爲各種人世間的情感而產生偏見。指引者可以不受情感影響，敘述細節與事實，因而鼎力協助我理解事物背後的道理。

世界上有外星人嗎？

我相信宇宙中有各式各樣的生物，人類不見得是唯一有智慧的。宇宙如此浩瀚，認爲人類是宇宙的主宰，其實非常無知而且自大。我雖然從來沒有感應到異形的靈魂，但話說回來，異形爲什麼需要通靈？彼世靈魂現身，通常是爲了與還活著的親人聯絡，異形在地球上沒有親人，當然也不需要通靈（除非是一九八二年經典電影《E·T外星人》的男主角埃利奧特）。

我第一次遇到史努姬時，她也問了同樣的事情。史努姬非常在意世界上是不是眞的有異形——大多數人也都非常關心這個問題。我們要記得，電視與電影扭曲了一般人對靈魂的看法，當然也會影響我們對其他物種的觀點。無知孕育恐懼，恐懼影響判斷力，因此容易對無法理解的事物產生焦慮與不合理的認知。

即使人類還沒接觸到其他物種，但我認爲其他物種的靈魂死後不會消失，能夠繼續成長，就像人類的靈魂。他們的生命過程可能完全不同，因此會有不一樣的理解，對於死後的想法也不盡相同。但是，他們的生命不會因爲死亡而結束。我的靈魂指引者曾經明確地說過，人類不能理解的物種確確實實地存在。這些物種不是惡魔或天使，也不是人類語言可以描述的。我對神祕動物學很有興趣，甚至猜想**天蛾人**①或許不是傳說。他們可能是有能力跨越次元並且與人類互動的物種。

我們對於外星人的認識，不應該受限於電影。他們不是小綠人，更不會綁架沉睡中的美國中西部居民。也許在未來的某一天，人類會發現住在另外一個領域的智能生物，而這些生物的模樣，絕對不會像我們心中所害怕的外星人。

與某個靈魂溝通時，看到他的照片，你認得出對方嗎？

答案是通常認不出來。很多人會很驚訝，但我有合理的解釋。多數人以爲通靈像是電影《靈異第六感》或心電感應猜謎。事實上，靈魂要付出很多力氣才能傳遞訊息，就算溝通的對象是靈媒也一樣。

假如我是清醒的，想要與我溝通的靈魂，通常也不想浪費力氣投射出清晰的模樣。我睡著以後，感官與意識能力較低，所以靈魂可以相對容易地投射各種模樣，我的潛意識也更能夠感應到鮮明的細節。當我握著某個東西，並且在紙上隨意塗鴉，可以稍微探索自己的潛意識，把各種感應與思維片段拼湊起來。因此，除非靈魂是在夢裡來訪，否則我通常不會看清楚他們的「模樣」。

靈魂會採用人類能夠理解的溝通方式，例如記號、符號和生活對照。如果委託人的慈愛祖父出現，我感應到的第一個畫面，通常會是我的祖父，因爲他也充滿慈愛。我的靈魂指引者相當熟悉我的生命與過往，他們會引導想要現身的靈魂，於是靈魂可以對照我的生活，描繪自己的生命，給我足夠的訊息。

其實這是很美妙的體驗。我愈來愈熟悉彼世靈魂如何從我的心靈字典裡擷取各種感應符號，心靈字典裡的詞彙也變多了。這個成長的過程，會讓靈魂傳遞的訊息變得精緻。事實上，我的通靈詮釋確實更精準了，因爲靈魂使用的圖像、符號與對照更豐富。我或許看不到靈魂如活人般走動，但已經開始學會如何理解靈魂使用的符號語言。我一直相信通靈詮釋的過程宛如解謎。解開靈魂訊息背後的意義，就像學習外國語言時，找到正確的詞彙意義一樣令人心滿意足。

你的通靈能力到何種程度？

我向靈魂提出問題的能力，完完全全取決於通靈聯繫的清晰程度。通靈溝通是生者與死者之間意識的直接感應。我和彼世靈魂的意識必須願意表達彼此的想法，才能進行溝通。生者與死者的接受能力可能有所差距，所以我們必須確定心意，專注地把特定的訊息傳遞給對方，這是基礎的溝通方法。

有時候，靈魂的訊息要求我詢問當事人一些問題，我會因而有些驚訝且氣餒。**雖然彼世靈魂的視野會變得寬闊，卻不代表他們已經無所不知**。如果現身的靈魂是很好的溝通者，我會提出問題，想要得到答案。然而，正如我在上一個問題提到的，靈魂的回答受限於我本人的生命經驗，而我的生命經驗尙淺，他們的回答當然也有限制。

通靈結束時，我通常會詢問委託人想不想提出問題。就算沒有辦法得到直接的回應，但提出問題也可以引出相當有啓發意義的訊息。

我的靈魂指引者會提出最好的建議。理解他們的想法很像「下載檔案」，我用這個詞彙來描述他們對特定主題提出的諸多複雜建議。我從他們身上感應到的想法，後來也成爲了本書的基礎原則和信念。

我向靈魂溝通的能力，其實取決於靈魂向我溝通的能力。但是靈魂指引者不同，與他們溝通就像與家人說話。他們是最穩定可靠的溝通者。但我還是不太瞭解他們，更不清楚他們的身分。我也希望可以提出更多問題，讓我慢慢找到答案。

通靈時的特定符號，代表什麼意義？

符號訊息是最簡單有效的溝通方式。符號非常清晰具體，也可以深入淺出，用簡單的符號或圖像，表達複雜的主題。我會提出一些最常見的符號以及符號背後的詮釋。

通靈開始時，我會先確定靈魂的性別，甚至不會先問靈魂與委託人之間的關係。藍色圖案代表男性，粉紅色圖案代表女性。隨後，如果我看見自己的祖父，就能確定這個靈魂是委託人的祖父。倘若我看見提姆，代表這個靈魂也是早逝的青年。在靈魂指引者的幫助下，彼世靈魂會用我的生命經驗提出對照提示。假使我感應到隔壁鄰居卡洛的模樣，靈魂想要表達的訊息裡一定有卡洛這個名字。

確認靈魂的身分是一回事，傳遞他們想要說的話，則是更爲艱難的挑戰。以下是一些符號例子以及背後的意義：

酒瓶、紅鼻子：酗酒

籠子：被囚禁、停滯和困頓
圓圈：反覆的行為
緊閉的雙眼：不清楚特定情況
龜裂的土壤：分手、分開
骯髒的窗戶：神智不清、認知不明
雙向箭頭（↕）：兩人之間的地理距離
鴿子：擺脫精神問題
往下指的手指：專注在某人身上
往上指的手指：專注在另外一個人身上
醫院病床：身體健康惡化
鞋帶、面紗：結婚、婚禮
陰鬱的色彩：創傷
緞帶：癌症
直線：解脫、穩定、和平

斷裂的鞋帶：離婚
白玫瑰：原諒、解脫
窗戶：視野、心智清晰

理解符號背後的意義之後，各位可能會以爲通靈訊息非常易於詮釋。但問題在於多個訊息同時出現時，每個訊息都彼此有關。例如：

白玫瑰（原諒、解脫）
酒瓶（酗酒）
直線（解脫、穩定）

看到這三個符號連續出現，我會猜想靈魂想討論的主題與酗酒有關，而且非常強調「解脫」。我的挑戰在於謹愼思考誰在酗酒，委託人或靈魂？爲什麼靈魂會提到「解脫」？又要如何精準地向委託人傳遞這些訊息？我可能會等待，看看是不是會出現「骯髒的窗戶」，這個符號代表靈魂承認自己生前神智不清。假如骯髒的窗戶眞的出現了，靈魂很有可能想要告訴我，他在生前因爲酗酒造成精神失衡。

我只能憑著靈視與感應，並且根據經驗，判斷靈魂想要傳遞什麼訊息。我把符號與其背後的意含告訴委託人之後，他們通常也能理解靈魂訊息的意義。但假如我沒有解釋符號意義，直接跳到結論，就有可能會產生誤解。有些時候，我只要準確描述符號與感應，委託人就會立刻明白意思，根本不需要我提出任何解釋。

所以我的感官很重要，我必須仰賴感官來接受訊息。如果我無法從一連串的符號裡得到解釋，通常要用其他感官能力作爲協助。因此，通靈有點像是閱讀幾個不完整的句子，從句子的相互關係裡，推敲出背後的含意。我必須分析個別感應的意義，將所有感應翻譯成一個完整的訊息。

由於靈魂沒有肉身作爲表達工具，必須使用其他溝通方法才能傳遞自己的想法。就像聾啞人士用手語進行溝通，符號與感應的傳遞能力與深刻程度，絕對不亞於口語。

每個人都有自己的靈魂指引者嗎？

每個人一定都有自己的靈魂指引者。他們是跨越次元的存在，能夠與生者進行深切的交流。靈魂指引者的目標不是保護生命或者讓我們免於傷害。他們有自己的理由，而我們無法理解。他們協助我們的靈魂往正確的方向前進，有時則是讓我們知道自己並不孤單。他們會直接現身探望我們，或者用共時性事件與我們互動，而這一切都是爲了讓我們知道自己的方向正確，即使我們感到絕望。

靈魂指引者的名字重要嗎？

一開始，我覺得自己必須認識所有的靈魂指引者，還要知道他們的名字。電視上的靈媒經常稱呼他們的指引者爲「團隊」，我很嫉妒他們如此親密。

我也想要知道我的靈魂團隊成員的名字。知名靈媒蘇菲亞・布朗常說她可以與靈魂指引者法蘭辛持續交流，但我卻從來沒有這種經驗。我最一開始的靈魂指引者是華特，後來則是其他靈魂指引者出面說明眼前的情況。我有時候會在夢中看見一群靈魂指引者，另外一些時候他們會用稍縱即逝的符號與我溝通。他們交流的方式千變萬化，甚至曾經化身爲夢裡的動物。偶爾，他們變成沒有生命的物體，以這種方法象徵某個東西，或者傳遞特定的訊息。

我從來都不知道所有靈魂指引者的身分——甚至不知道他們是不是眞有身分，或者只是無名的靈魂。也許我們本來就不應該知道他們的名字，名字會讓他們更像眞正的人類，可能使我們分心，無法專注於追求內心的平靜。我們會因爲知道指引者的姓名而覺得欣慰，他們變得像是有身分的守護天使，協助我們走過生命的旅程。我已經接受自己不知道他們的名字了，這是生命裡最美好深邃的謎題，我雖然希望自己可以更瞭解他們，但我很清楚，如果把尋找他們背景的一半精力，專注在冥想與訓練直覺，我能夠從他們的提示當中獲得更多裨益。

我也可以向各位透露，曾經有過一次感應，讓我知道爲什麼靈魂指引者的身分如此神祕。我看到的靈視畫面，可以比喻爲演員必須匿名飾演一個角色，才能讓觀衆信服。如果觀衆知道太多他的私事，可能會過於關注演員本身，無法將焦點集中在角色身上。因此，靈魂指引者希望我們不要過於在乎他們的名字與身分，要把重點放在他們提供的指引上。彼世靈魂從來不強調身分，他們著重行動，以及行動所帶來的成長。我們應該專心思考他們提供的協助，提升自己的生命。我們對靈魂指引者的認識，也會因而變得不同。

有沒有任何印象特別深刻的通靈經驗？

每次通靈都讓我印象深刻，但有些經驗對我個人的影響更深遠。早期的一次通靈經驗對我帶來了最深刻的情感衝擊，時至今日仍然繼續影響我。那次的通靈一開始沒有任何不同，一位中年女士帶著兩名青少年兒女前來尋求通靈協助。我們坐在漢福德的小店房間裡，她拿出一枚戒指。我開始解釋通靈流程，並且告知他們之後會發生什麼事情。我立刻就感受到了他們內心多麼熱切地想要聯繫某個靈魂。

我的手指一觸碰到那枚戒指，馬上就看到酒瓶、牢籠還有乾淨的窗戶。三個符號依序象徵了「酗酒」、「被囚禁或生命的停滯」以及「獲得嶄新的生命」。我描述感應之後，女士開始落淚，兩名子女連忙安撫她。

現身的男子靈魂不願多談自己的事情，反而把重點放在他的太太，也就是坐在我面前的這位女士上。男子靈魂提到自己生前的糾結，希望妻子不要因爲自己的死而愧疚。酒瓶、牢籠與窗戶同時出現，其實已經勾勒出一幅非常清晰的圖像：酗酒的丈夫長年覺得自己的生命停滯了，最後終於在彼世重獲新生。看起來好像很簡單對不對？

這個詮釋只說對了一半。事實上，眞實的故事比我的詮釋更意義深遠。女士表示，先生的酗酒問題迫使她將先生送往勒戒中心，才能拯救先生的生命、家庭與婚姻。但是，先生在勒戒中心接受治療時，卻因爲戒斷症狀而喪命。

窗明几淨，象徵了心智清晰，代表先生的靈魂比死前還要清醒——擺脫長年酗酒的問題之後，先生在死前終於找回了心智清醒。他知道自己的身體出了大問題，但如果他在勒戒時出事，妻子一定無法擺脫內心的罪惡感。

這位女士坐在我面前，我卻無法明白她內心多麼痛苦。她將先生送到勒戒所，希望他能接受治療，重新找回自己的人生，但先生卻死在勒戒所。他的先生藉由通靈，希望她能放下罪惡感，因為他明白妻子是在替所有人著想。這件事情讓我明白，靈媒有時候也只能如實表達自己看見的符號，但世事總是複雜難解。當他們離開時，知道了他們最愛的男人確實明白當初的一切都是為了他好。雖然因為家人的疏忽導致了悲劇，但他對家人的愛早已超越了死亡。

通靈是否讓你看見有關父母的事情？

當然！我從小就跟父母的感情非常親密，因此經常感應到他們隻字未提的過往。我記得在一次家庭聚會上，母親的兄弟都來了。他們已經很久沒見，我一直覺得某個人消失了。小時候，這是通靈天賦給我最大的痛苦——我根本無法承受這些不合理的情緒與感覺。

母親與親人敘舊，我卻沒有辦法忽視腦海裡閃過的一個詞，那就是「雙子」。在通靈過程裡，某些符號具備固定的意義，「雙子」代表雙胞胎，但我發現這裡根本就沒有雙胞胎。

當天晚上，我跟母親說了自己的感覺之後，她的表情變得相當嚴肅。母親說她出生的時候，雙胞胎弟弟死在子宮裡。這件事變成不再提起的家族悲痛。

我不知道爲什麼自己會感應到他的靈魂，也許是因爲家庭聚會，所以他想表達自己雖然沒有機會見到家人，但仍然與家人同在。他尚未出生就已經死去，卻不會因而減少這個家在他心中的重要性，他會一直守護家人，更希望家人知道他也參加了這次的家庭聚會。

為什麼你在通靈時流這麼多汗？

節目剛開始拍攝的時候，這是最常出現的問題之一。觀衆朋友可能已經知道，每次通靈結束時，我會汗流浹背。這幾乎都是因爲彼世靈魂過於密集地出現。我與靈魂第一次見面的時候，他們不見得知道我的理解能力如何。因此，如果靈魂想要表達自己過世的原因，我的身體可能就要承受一些非常劇烈的疼痛。這種情況有助於驗明通靈訊息的眞僞，但我的身體不見得有辦法承受。例如靈魂是因爲心臟病而過世，我雖然非常希望可以藉由視覺符號感應到此事，但有時候對方只能夠透過讓我感受胸口的劇烈疼痛，才可以表達他的意思。

我希望自己可以多善用心智感應進行通靈，減少身體上的感應。但我只能傳遞訊息，無法決定自己會感應到什麼，也沒辦法影響感應的方式。一旦我準確地理解什麼原因造成身體疼痛之後，通常就會不痛了，可以讓我鬆一口氣。

在某些情況下，我汗如雨下不是因爲靈異感應，而是舞臺燈光！拍攝需要的光線非常強，待在聚光燈底下一個小時，眞的非常炎熱。但如果我剛走近房間就開始大汗涔涔，可能是因爲感應到一些東西，而不是燈光的關係。

小孩的直覺比大人還敏銳嗎？

一般來說確實如此。小孩不會因爲理性思考與宗教信仰而產生偏見，也比較不會忽略直覺，因此更敏銳。遺憾的是，小孩在成長的過程中，經常會被訓斥，例如「這是你的幻想」、「這全都是你想像出來的」，於是小孩的直覺感受就會變差。

一旦他們開始接觸了特定的宗教信念（或者懷疑論），世界觀也會變得比較狹隘，再也無法欣然接納自己的直覺。

許多人童年時都有靈異體驗，現在只會認為是當初過度反應的幻想。但我們又怎麼知道呢？舉例來說，我六歲的時候還不知道自己會成為靈媒，就已經有過靈異體驗，但那時當然不這麼認為。當時我們家正在準備舉行家庭聚會，我待在祖母家，其他遠房親戚也在，只有我跟表哥是小孩子。我們太興奮了，根本睡不著，一直熬夜到深夜兩點。我靠著牆，盤腿坐在床墊上，房間的門沒有關緊，我注意到外面流入一道微弱的光芒。我對表哥說，那應該是廚房的燈，希望可以讓他安心，但其實也是說給自己聽。我一邊解釋，眼前的景象卻又讓我非常震驚。

廚房在走廊的另一頭，我看見一個八英尺高的陰影從那裡走過來，擋住了廚房傳來的光線。我一開始以為那個陰影只是身材高挑的舅舅。我喊出聲，陰影什麼話也沒說，慢慢退回大廳。

表哥說他也看到了，我們下定決心要知道那個陰影是誰。我們用猜拳決定誰要冒險出去，我輸了。我走進客廳，猜想應該是某位親戚惡作劇，想要懲罰我們這麼晚還不睡覺。我只有聽見鼾聲，客廳裡所有親戚都睡在沙發或搖椅上。我的背脊傳來一陣冰涼，不管剛剛那個陰影是誰，他一定走到底了，但那裡是條死路，而我現在必須從走廊回去房間！我看著眼前一片漆黑，身體的汗毛嚇得豎起。我的反應跟一般的小孩一樣，我拔腿就跑，衝進陰暗的房間，立刻打開電燈，心裡很恐懼，告訴表哥剛剛那個神祕的訪客根本不是我們的親戚。

我知道自己小時候有無數不可解釋的經驗，許多人也是如此。小孩確實更容易感受到靈魂。還沒有經歷成人世界的折磨，小孩是更清澈的容器，對各種事情懷抱開放的自然態度。但是，只要成人願意模仿小孩，也可以變得更清澈開放，放下所有偏見，任憑自己的意識流動，不要被時間與任何東西限制，換句話說，其實就是冥想！

如何區分靈魂託夢或是純粹的夢境？

大家通常會很好奇，夢到死去的親人，是否代表他真的透過夢境回來？就算夢到死去的親人，確實很有可能只是一場夢，並不是他們的靈魂回來了。在消化悲傷的時候，我們會夢到死去的親人，這是一種撫慰的方法。

親人的靈魂造訪是完全不同的事情。他們造訪時，夢境會變得非常鮮明清澈，與一般做夢的差距猶如雲泥之別，不可能會認錯。有時夢境可能同時包括親人造訪與我們的潛意識。例如，我們可能在夢裡看見了過世的親人，但夢裡的場景則完全是潛意識的投射。

我剛開始在夢裡感應靈魂時，他們的首要目標是確保我清醒以後，還會記得他們曾經來過。靈魂造訪我的夢境非常多次，他們也順利達成目標，讓我在清醒之後記得要轉達他們想傳遞的訊息。他們確保我記得夢境的方法也非常獨特有趣，令我記憶深刻。舉例來說，曾經有一位老爺爺來到我的夢中，指著自己的胸膛，他的胸膛隨後爆炸了，噴出橘色與紅色的花火。我被嚇醒之後，在空蕩蕩的房間裡問自己：剛剛的夢到底是什麼意思？

老爺爺的靈魂再度拜訪我，讓我知道他是因爲心臟病去世的。他肯定認爲用一般的對話無法讓我記得他的死因，所以要用另外一些獨特的方法，確保我會記得，畢竟我在一個晚上可能會遇到無數的靈魂。老爺爺當然成功了！後來，我替一位委託人通靈時，老爺爺現身了，他是委託人的祖父。委託人說祖父生前就是非常誇張的人，所以完全不意外他會用這麼戲劇化的方式顯靈。

什麼是靈魂契約？

靈魂契約的概念因為新時代運動而變得相當熱門，但靈魂契約的定義仍然眾說紛紜。常見的說法認為，簽訂靈魂契約的兩個靈魂會永遠聯繫在一起。在超過一千次的通靈經驗裡，我確實看見許多證據顯示靈魂之間確實可能永恆聯繫，有些靈魂的聯繫甚至綿延了好幾次輪迴。

但是，靈魂契約的實際運作方式非常複雜，遠遠超過靈媒聚會與通靈活動對這個主題的探討。也許，在我們實際認識某個人之前，我們的靈魂可能已經認識彼此。這種想法確實有些道理，也非常引人入勝，更可以證明人與人之間的靈魂聯繫。我確實相信某些人身上難以解釋的熟悉感，會讓我們的靈魂獲得相當特別的啓示。我同樣認為靈魂可以在彼此同意的情況下，一起投入輪迴轉世。雖然人或許不曉得自己的靈魂曾經簽署了靈魂契約，但他們可能會慢慢感受到自己的直覺與內在動力，在一股無可忽略的力量牽引之下，逐漸發現彼此。

然而，靈魂契約並不局限於友善的關係。我們最好的老師，通常是挑戰我們、測驗我們能力極限的人。父母與小孩、朋友、敵人、親人，任何你能想到的人際關係，都能夠創造美好的人生故事。我們也許可以藉由直覺，感受到自己與他人之間的靈魂契約——察覺到一股相當可觀的親切感與化學效應。在特定的情況下，這種人際關係的化學效應可能會導致爆炸性的結果。

倘若兩個靈魂之間的聯繫眞是如此強烈，如果他們可以更深刻地理解彼此在對方生命裡的意義，就算是負面或艱困的關係，也能解決困境。但是，忽略生命的潛在動力，負面關係的能量很有可能會反覆出現，直到彼此終於認清一切才有辦法改善。這就是常見的惡質關係、愛恨交織的關係以及互賴關係。假如你也身陷其中，一定要認清關係背後的深層動力。他山之石，可以攻玉。我們必須謹記在心，就算簽署了靈魂契約，也不代表靈魂契約可以完全主宰我們。

我在通靈時看過一個關於靈魂契約的好例子。委託人是一對情侶，他們的名字分別是傑森與小泰。他們還是青少年，快要成年了，但兩人之間已經不只是兩小無猜的感情，甚至不只是單純的戀愛而已，而是彼此都能夠感受到的強烈聯繫。他們承擔了許多角色的職責，例如父母般的支持以及宛如親人一樣的理解。但是，面對困難的時候，他們感情關係的複雜程度，也沉重的就像整個家庭的關係。戲劇化的高低起伏正是他們之間的寫照。

傑森耗盡心力對抗憂鬱症，無法正常吃飯，甚至不能下床走動，更別提維持他與小泰的感情關係。他們前前後後來找我兩年的時間，小泰開始明白她與傑森的感情是爲了讓她學會比愛一個人更重要的事情。她必須瞭解自己，這才是眞正的課題。看著傑森陷入憂鬱症的泥沼，小泰愈來愈能夠理解同樣與憂鬱症搏鬥的自己。小泰必須在家人與朋友面前藏起自己的陰暗面，因爲他們臉上無時無刻都掛著笑容。無法控制情緒的傑森，反而讓小泰明白該如何誠實做自己。爲了學會艱辛的課題，小泰必須感受前所未有的情緒，換句話說，她自己也要對抗憂鬱症。

這種彼世傳來的課題雖然很艱難，但小泰還是能夠一步步恢復自己的心智健康，最後終於讓她的生命變得更美好。

小泰戰勝憂鬱症之後，與傑森之間的關係也改變了。兩人之間絕對還有化學效應，但彼此都體認到自己從對方身上得到了命中注定的禮物。小泰協助傑森對抗憂鬱症，而傑森讓小泰認識了自己，小泰的生命也因此變得更美好。瞭解彼此感情關係的基礎動力之後，他們能夠用更健康的方式各自往前走，也同時明白彼此的關係獲得了成長。然而，他們知道愛情已經不是最好的選擇，所以決定分手，保持朋友關係。他們用優雅的姿態與健康的方式，學習彼此靈魂連結的意義與課題。

你對靈魂伴侶的想法是什麼？

我承認這是我最不喜歡的問題之一，但不是因爲我不能感應到委託人的愛人在何方，而是我太害怕聽到以下常見反應：「快點說我的靈魂伴侶叫什麼名字？」

每個人似乎都相信所謂的靈魂伴侶就是生活在世上某個角落的某個人，等待著與你的生命交會，成爲你最完美的戀人。期待與你完全契合的白馬王子或白雪公主是很荒唐可笑也非常危險的想法。這種想法很有可能讓人在面對一般的困難時，親手毀滅自己的感情關係，但被毀滅的關係其實非常健全、充滿挑戰也能發揮精神教育的作用。許多人相信只要能夠與靈魂伴侶交往，就不需要面對一般「世俗」感情裡的磨和。然而，兩人之間的不協調、差異、爭執、原諒與和好，都是人類生命最重要的元素。

首先，我必須澄清，一個人不見得只有一位靈魂伴侶。這個世界上有無數的靈魂，我們可能會跟一個以上的靈魂產生深刻的共鳴，他們全都是「靈魂伴侶」，但不必然會與你陷入熱戀。我反而看過更多柏拉圖式的純粹靈魂伴侶關係，例如家長與子女。所謂的靈魂伴侶，其實只是我們在這個世界上相連與共的另一個人。

想要享受一段快樂、健康且能夠實現自我的感情關係，根本不需要靈魂伴侶。更重要的是與伴侶達成心智、身體和精神上的和諧，並且從對方身上學習關於我們自己的深切課題，例如愛、慈悲、忠誠、勇敢、無私與奉獻。用「靈魂伴侶」等級的標準要求對方，很有可能造成不切實際的想像。誰不希望雙方可以在感情裡獲得成長呢？人生之所以會有挑戰，一定有重要的理由！與伴侶一起找出共同接受的安身立命之道，接受彼此的差異並且做出妥協，才是最健康的成長方式。

如何用直覺與靈魂指引者溝通？

正如我先前提到的，我的靈魂指引者向來捉摸不定。但是，我確實相信能夠用一些方法鼓勵他們與我們溝通，也可以用來發展直覺能力。這些方法就是冥想與摒除內心的噪音。愈是心無罣礙，我們的心裡就有愈多空間可以接受感應與指引。

靈魂指引者的交流起初可能非常難以察覺，有時候甚至只是突然進入我們腦海的想法。我們太習慣自己是腦中想法的唯一來源。事實上，我們很常感應到靈魂指引者想要傳遞的基本意念，再從自己的腦海裡發展爲具體的想法。假如你曾經在晚上睡前覺得沮喪，醒來卻神清氣爽，甚至找到了答案，很有可能就是靈魂指引者帶來的頓悟。各位應該會好奇我是怎麼判斷的。關鍵在於學會靈魂指引者與生者溝通的獨特語言。每個人與靈魂指引者溝通的經驗都不盡相同，這就是爲什麼我建議大家不要執著於靈魂指引者的眞實身分與人數，而是專注在察覺他們發出的共時性事件。請求靈魂指引者提供指引是很好的開始，但是你必須保持心胸開放，做好準備，接受他們提出的一切答覆。

靈魂指引者讓我知道一個道理，他們的行動從來不落俗套。他們似乎正在實現一個宏大的理想，想要幫助我們學習生命的眞理，但他們的方法遠遠超乎人類的理解能力，因爲他們能夠更清楚地看見萬物的互動關係。請相信我，靈魂指引者藉由偶然、巧合以及錯綜複雜的意識交織所展現出來的溝通能力，就像他們本身一樣令人大開眼界。

生前有精神疾病的人，死後會發生什麼事？

我在通靈時遇到無數生前承受精神疾病折磨的靈魂，他們都說自己在另一個世界已經不會受到精神狀態的局限。生前承受身體疼痛的人也是這麼說，例如因癌症而死的人，在彼世不會再受癌症的折磨，因爲癌症只能影響他們的身體。

很多靈魂不知道自己生前花了很多力氣對抗精神疾病，直到死後才明白，這樣的情況十分常見，讓我非常訝異。

靈魂在另一個世界成長之後，開始明白生前面對的挑戰究竟有何意義。精神疾病具有非常多種形式，我們才剛開始理解並且找出治療之道。

特別是對老一輩的人來說，當時的精神疾病治療方法非常有限，直到發現自己罹患未診斷出來的精神問題，才會明白許多問題背後的原因。在許多例子裡，一旦發現自己的精神問題，就能夠發揮治療效果，因爲當事人知道問題是精神疾病，不是他們本人，進而卸下了心中的大石。因爲當事人的精神狀態而歷經千辛萬苦的家人朋友，知道了具體情況之後，也能夠鬆一口氣。

精神疾病可以比喻爲一片濾光鏡，它讓人的視野不清。許多靈魂現身時都曾表明遺憾，希望自己生前可以得到專業的醫療協助。他們鼓勵生者要善用所有的資源，面對自己的精神疾病，畢竟我們的時代已經有非常豐富的專業知識。

如何區分靈媒真偽？

第一個方法，我建議各位與靈媒溝通時，盡可能不要主動提供太多資訊。假如希望尋求通靈協助，請你熟知且信任的朋友推薦才是上策。除此之外，也請記得眞正的靈媒是專業人士，既然我們都知道打付費電話尋求醫療協助是錯誤的選擇，同樣的標準也適用在通靈。活躍於通靈界的靈媒都會有眞正的客戶推薦，不是廣告網站常見的無用資訊。

假如某人是眞材實料的靈媒，一定會受到歡迎，委託人數也會迅速成長。全世界有許多人都在尋求靈魂指引，眞正的靈媒必然能夠鶴立雞群。因此，我不太相信出道多年但只有幾名客戶的靈媒，除非是靈媒本身刻意不接受委託。只要靈媒的直覺準確並且能夠驗明訊息的眞偽，絕對能夠吸引委託人的注意。

如果你需要別人的建議，務必愼選靈媒。假設某位專業靈媒每次收費十美元，卻總是門可羅雀，他也許應該用直覺找到一份更適合自己的工作。信譽良好的靈媒會善用時間，詳細解釋通靈流程，並且仔細回答委託人的問題。

在回答靈媒問題的時候，只需要說「是」或「不是」即可。此外，你也應該小心留意自己的肢體語言，不要透露太多資訊。

除此之外，眞正的靈媒不會在通靈過程中一直打量你。應該注意靈媒究竟把重點放在什麼事情上，假如靈媒一直把對話的重點放在你身上，而刻意忽略通靈感應的訊息，這就是非常嚴重的警訊。

遺憾的是，確實有些不老實的人會冒稱自己是靈媒，不過各位可以用常理判斷來保護自己。與眞材實料的靈媒相處是非常美好的經驗，而且好的靈媒也確實大有人在。

請務必記得驗明靈媒所言的眞僞，倘若對方感應到一些非常難以理解的訊息，請將這些線索謹記在心，你日後就會知道其中意義。如果你認爲眼前的靈媒有問題，那就保持風度，起身離開。或許你一開始就會知道自己與眼前的靈媒是否契合，所以只要順從自己的直覺就可以了！

歷史人物會在通靈時出現嗎？

技術上來說，這是有可能的，但我個人目前還沒遇過這種情況。靈魂通常不會想要在靈媒面前呈現出前幾次輪迴的模樣，除非他們必須用這種方式才能把訊息傳遞給生者。

對於幾個世紀以前的人來說，當時的家人與親友也早已離開人世，在另一個世界團聚了。雖然，如果林肯總統的靈魂願意現身的話，情況一定會非常有趣，但他本人應該沒有太多傳遞訊息的動機了。

我雖然不常與歷史人物的靈魂打交道，但我發現特殊地點會蘊藏著靈魂能量。對於直覺感應很強的人來說，這是非常有趣的事情，因爲我可以感應到古往今來曾發生的事情。我不見得因此就會與某個靈魂產生交流，只是從直覺感應到這個地方曾經發生的事件而已。

人類的行動與意念所產生的能量會縈繞在環境周遭，所以當我走在過往的戰場或命案地點時，也會有所感應。我不需要直接與死者溝通，就會因爲當時發生的事件而產生情緒變化，當然每次感應的情況都不盡相同。

有時，我在夜晚空蕩的大賣場裡，也會感受到白天人聲鼎沸的腳步聲。所以前往紐約或者洛杉磯的鬧區會讓我喘不過氣，除了原本殘留在當地的能量之外，我還會感應到源源不絕的新能量，簡直就像一團毫不和諧的資訊，根本無從探索，而且干擾我的注意力。所以我才會認爲，通靈時在內心設定目標是相當重要的事，而我的指引者也會在這方面協助我，讓我在感應的時候，能夠專注於委託人需要得知的訊息。

你曾經傳遞過壞消息嗎？

這個答案取決於你對「壞消息」的定義爲何。開始通靈之前，我會略做冥想，把心思凝聚在感應委託人尋找的靈魂指引上。無論委託人會得知什麼，我相信背後都有原因。共時性事件讓我明白，世事鮮有巧合，如果我替某人通靈，代表我說的任何事情，都是在用正面積極的方式，影響他的人生道路。

我在每次通靈前都會凝聚心思，專注在對委託人有幫助的訊息，要不然這場通靈就沒什麼意義可言了不是嗎？我相信人可以改變未來，因此我通常只會感應到委託人在某段時間的人生軌跡。

假如看見了一些不愉快的畫面，只要據實以告，就會帶來好的結果，例如像是健康警訊，又或者是讓委託人知道，如何更妥善地應對不可避免的事件，無論何者都對委託人有幫助。

我當然也想知道怎麼改變未來，然而令人遺憾的是，人永遠躲不掉「死亡」或是「繳稅」這種事。多數人想得到的是鼓勵和讚許，而非提醒或警告。通靈往往意外地能夠激勵人心，並且鼓勵我們追求自己的人生方向，不要走上崎路。

雖然通靈時會討論到沉重的事情，例如家庭或毒品問題，但是把道德評斷擺到一邊，事後想想這些事件，不過是爲了讓我們能夠更加理解背後隱含的意義。良藥或許苦口，對於成長來說卻是不可或缺的。

多次的婚姻關係會不會影響到死後的世界？

人世間的婚姻關係，其實不會影響到另一個世界。很多人聽到我這麼說，都非常驚訝。婚姻是兩人之間的法定和習俗關係，也是人類社會的制度。我們希望婚姻可以是一輩子的事情，但婚姻關係僅限於人世。畢竟，結婚的誓詞也提到了「直到死亡將我們分開為止」。

死亡不代表分離，只是人界的法定婚姻關係瓦解了而已，但不會減損兩個靈魂的連結。我在通靈時經常遇到靈魂現身時提到彼此在生前是法定伴侶，死後也非常喜歡對方，所以繼續保持互動交流。

我非常喜歡聆聽靈魂描述他們對死後關係的新理解。由於死後擺脫了恐懼與自我，所以靈魂的想法能夠提升到生前無法達到的高度。這意味著靈魂可以仔細思考過去的婚姻並且從中學習，也能夠處理造成負面效果與生命停滯的種種情感。

人會經歷好幾次轉世，所以會愛許多人，重點是愛的意義不受影響。靈魂既然是無限寬闊的，也必然會愛上許多靈魂，這就是最美好的地方。

通靈的經驗，會影響你對一夫一妻制度的看法嗎？

雖然知道靈魂會愛許多靈魂，也會得到很多靈魂的愛，但我依然認爲一夫一妻制度有存在的意義。雖然婚姻僅限於生者的世界，我還是崇尚婚姻，也享受與愛人相處的時光。正是因爲我知道婚姻會自然而然地產生變化，就像人類本身的演化一樣，所以我更欣賞和推崇一夫一妻制度。人會害怕感情關係的結束，而這種害怕讓他們無法珍惜眼前擁有的一切。我鼓勵自己要更專注在當下。

我們不應該因爲一段關係的時間長短而誤解其重要性，最重要的是我們與愛人之間交換了什麼情感，又在相處的時間裡學習到什麼啓示。

傳遞過最深刻的訊息是什麼？

基本上每位靈魂都會明白，全人類的整體意識就像一片汪洋，我們只是其中一顆小水滴。人類整體意識的浩瀚程度，讓我們知道自己的渺小，而靈魂常說萬物的聯繫令他們倍感敬畏。

生者的課題其實顯而易見，就是懷抱慈悲與同情，努力理解生命之間的相互聯繫。最願意付出的人會成爲最快樂的人，背後一定有其道理。但現代社會過於推崇自我，導致自戀與不安全感。如果一個認知錯誤的人，願意放下「自我」，肯定能夠過得更輕鬆，也會大開眼界。擺脫造成自尊心低落、精神疾病與內心困境的負面因素，我們可以更自由且無拘無束地活著。

倘若要我談談從通靈中得到最重要的啓示，那肯定是**珍惜生命的每個當下，忠於自己，並且勇敢回應每份挑戰，就算眼前寸步難行也不要退縮**。過去留有悔恨，未來則潛藏焦慮，重要的是活在當下，因爲現在就是一切。

如果我們能夠珍惜眼前的一切，忠於內心感受，坦承面對自己，不會因爲過去的傷痛，以及對未來的恐懼，而做出魯莽的決定，那才是眞正的自由。

死亡總是令人措手不及，沒有人能夠做好準備，也難以承受愛人離開的痛苦，但是我們可以學會珍惜對方，坦承自己的情感。請立刻讓重要的人知道，他們的存在，是如何改變了我們的生命。

即便我們願意珍惜當下，但外在環境總是充滿無常。因此，我總是鼓勵人們好好生活，希望他們永遠不需要來找我幫忙。只要懷抱仁慈、同情和誠摯的愛，就不會徒留遺憾與悔恨，不會有來不及說出口的話，更不需要尋找任何形式的解脫、寬恕與道歉。

只要盡心生活，就無須害怕死亡。

註釋

①天蛾人是美國的民俗傳說。一般認為天蛾人看起來像人，但眼睛是紅色的，而且背上有翅膀。

致謝

寫作這本書的過程讓我學會謙虛的美德。我很幸運能夠在人生的道路與許多朋友交會，而他們的故事、指引與支持，一起成就了這本書。

首先我想感謝經紀人布蘭迪・鮑勒絲與編輯潔瑞米・魯比－史特勞斯，她們的奉獻、耐心與萬分受用的協助，讓這本書變得更好。寫作的時候，我只知道自己有些基本觀念和故事想要向全世界的讀者分享，在她們的細心檢閱與支持之下，我才能夠用自己從來不曾想過的方式，拓展這些基本觀念與主題。無論她們各自的付出，或者兩人共同合作的努力，我都永遠懷抱感謝之情。我也要感謝藝廊出版（賽門與舒斯特出版）的卡洛琳・蕾迪、路易斯・柏克、珍妮佛・柏格史壯、妮娜・柯蒂絲、克里斯丁・多爾以及利茲・普索蒂絲。

我要感謝我的經理人朗恩・史考特，以及麥可・柯貝特與賴瑞・史騰，他們一起引導我走上現在這條路。如果當初朗恩沒有在一大群好萊塢演員裡挑中一位來自地方小鎮的年輕靈媒，就不會有今天的我。他的無私慷慨、鼓舞人心的幽默感以及孜孜不倦的決心，鼓勵我不要停下腳步，要努力讓其他人的生活變得更好。他本人當然也讓我的生命變得更好。

我永遠都不會忘記麥可與賴瑞多麼保護我，總是把我的福祉當成最重要的事情。他們豐碩的資源、永不停歇的努力工作態度以及慷慨大方，讓我的生命走上了一條無比美好的道路。他們的良善溢於言表，我希望自己也能夠在生活與工作裡做到同樣的高度。

我當然也要感謝父母，沒有他們的鼓勵與支持，我無法在年紀這麼小的時候，就開始實現自己想要熱烈追求的生命目標。他們的勇氣、力量、理解與無條件的愛，讓我成爲全世界最幸運的兒子。

母親的堅毅、正直與無私，讓我每天都能感受到鼓舞。她證明了無論眼前多麼艱困，我們都能夠挺過去。我更希望自己也能擁有父親的勇敢、積極與源源不絕的力量。父親對我的愛超越一切，他更認為這是為人父親的理所當為。他的心胸開放，證明只要我們把愛放在心裡最重要的位置，一切都是可能的。父親、母親，我愛你們！

靈媒身邊的朋友都是非常特別的人，我非常感謝生命裡的所有伙伴與朋友。德瑞克，感謝你總是鼓勵我拿出自己最好的一面。生命颳起一陣旋風時還能保持冷靜，這是一種珍貴的天賦。

我要感謝馬特從一開始就陪在我身邊，發自內心地愛我，而不只是愛我所能做到的一切。

身旁重要的朋友給了我許多支持，我期待自己也能做得一樣好，更希望在別人最需要我的時候，提供同樣重要的支持。

我永遠不會忘記初衷。早期在漢福德小鎮遇到的通靈委託人，他們的開放心胸與誠懇，對我產生了極爲深刻的影響。當時我還不甚瞭解自己的通靈能力，他們就邀請我到府上通靈，也改變了彼此的生命。馬克夫婦鼓勵我在他們經營的小店裡替人通靈，也替我的通靈之路奠下基礎，協助我提升通靈能力。每次我學會了寶貴的一課，就會在內心感謝人生道路上替我引路的好朋友。

我得到了很多協助，也應該談談我曾面對的敵意，敵意又是如何協助我走到今天這一步。我在學校遇到的霸凌困境是寶貴的經驗，讓我成爲別人眼中纖細堅強的男孩。

人會害怕自己不瞭解的事物，我的同學經常誤解我的能力和我的本質。但這樣的誤解讓我更瞭解自己，才能忽視別人的誤解，並且加強自信，不要把任何事情都看成人身攻擊。這是非常寶貴的一課，讓我可以面對眼前出現的各種偏見與意見。只要改變自己的想法，我們就能成爲更好的人。

這本書之所以能夠問世，有一部分要感謝我的電視節目，因此我要好好感謝電視節目的劇組與幕後工作人員，他們相信我，我才能夠在攝影機前向這麼多人分享自己的人生。

史蒂芬妮與羅夏，謝謝妳們讓我加入四十四號藍色電視製片公司的大家庭，我很榮幸能夠與電視產業界最傑出的優秀人才共事。莎拉、傑登與安利，跟你們一起工作的時候，給了我很多寫書的靈感，我非常感謝。

如果沒有E！頻道的厚愛，我們的節目就不會有自己的家。感謝傑夫・歐戴、丹拉・多甘、朱利亞・桑奧賓還有亞當・史托夫斯基一直以來的支持。各位提出的問題、討論與觀念，讓我可以用自己從來沒有想過的方式，更深刻地凝視自己的人生與故事。

我要向約翰・愛德華以及詹姆斯・范普拉表達最深刻的感謝，他們替我這個世代以及往後每個世代的靈媒奠定了一條康莊大道，也是靈媒世界裡眞正的前輩。他們改變許多人的生命，開拓更多人的眼界，開啓了一場靈媒革命，讓通靈成爲主流世界的議題。

許多人讓我的生命產生了重大的改變，他們已經不在人世，無法親自讀到這本書，但他們的功勞不該就此淹沒。祖母在我小時候就教我明白愛的眞諦，我一生都會謹記在心。

提姆使我知道人生有多麼短暫，我會永遠記得人生是如此珍貴。提姆更令我學會了一個道理，就算是最艱困的日子，也有値得感謝的地方，爲此，我心懷感激。從提姆的身上，我才懂得一個人不需要活到九十歲，也能夠實現自己的人生。生命在我們手中，我們的時間雖然有限，但我永遠都會全力以赴，我會在心裡一直懷念你，直到我們在另一個世界相遇爲止。

我不知道所有靈魂指引者的名字，但我能夠有今天，他們厥功甚偉。我一向不清楚他們行動時的節奏或理由，但也不需要知道，他們的支持與成就，已經讓我心滿意足了。全世界有這麼多靈魂，他們選了我，爲此我甚爲感激。

無論成爲靈媒會帶給人生多少挑戰，我都不會後悔。我也許永遠不會知道爲什麼我會被選上，擁有通靈的天賦，但我不會停下腳步，我要幫助更多人，讓他們與彼世靈魂交流。我並不是重點，重點是讓全世界知道愛是讓人類團結的動力，而我們永遠會團結在一起。

我有幸能夠寫作這本書，也希望每位讀者都能從中獲益，更深刻地理解自己如何與全人類相連與共。對於每一位曾經教導、指引我的人，我向各位道謝，希望有一天可以奉還十倍的恩情。

每一位曾經觀賞我的電視節目或閱讀本書的朋友，言語已經不足以表達我內心的榮幸，我很高興能夠與各位分享這段旅程，也樂於成爲你的伙伴。我期待與你攜手踏上旅程，我也會在每一次的通靈裡，繼續追求生命裡的重要答案。

FUTURE 58

靈媒泰勒·亨利 生死之間，那些逝者靈魂教我的事

Between Two Worlds: Lessons from the Other Side

原著書名——Between Two Worlds: Lessons from the Other Side
原出版社——TYLER HENRY ENTERPRISES INC. c/o United Talent Agency, LLC
作者——泰勒·亨利（Tyler Henry）
譯者——林曉欽
企劃選書——韋孟岑
責任編輯——韋孟岑、鄭依婷

版權——吳亭儀、江欣瑜、林易萱
行銷業務——周佑潔、賴玉嵐、林詩富、賴正祐
總編輯——何宜珍
總經理——彭之琬
事業群總經理——黃淑貞
發行人——何飛鵬
法律顧問——元禾法律事務所 王子文律師
出版——商周出版
115台北市南港區昆陽街16號5樓
電話：(02) 2500-7008 傳真：(02) 2500-7579
E-mail：bwp.service@cite.com.tw
Blog：http://bwp25007008.pixnet.net./blog
發行——英屬蓋曼群島商家庭傳媒股份有限公司城邦分公司
115台北市南港區昆陽街16號5樓
書虫客服專線：(02) 2500-7718、(02) 2500-7719
服務時間：週一至週五09:30-12:00；13:30-17:00
24小時傳真專線：(02) 2500-1990；(02) 2500-1991
劃撥帳號：19863813 戶名：書虫股份有限公司
讀者服務信箱：service@readingclub.com.tw
城邦讀書花園：www.cite.com.tw
香港發行所——城邦（香港）出版集團有限公司
香港九龍土瓜灣土瓜灣道86號順聯工業大廈6樓A室
電話：(852) 2508-6231 傳真：(852) 2578-9337
E-mail：hkcite@biznetvigator.com
馬新發行所——城邦（馬新）出版集團〔Cite (M) Sdn Bhd〕
41, Jalan Radin Anum, Bandar Baru Sri Petaling,
57000 Kuala Lumpur, Malaysia.
電話：(603) 9056-3833 傳真：(603) 9057-6622
E-mail：services@cite.my

美術設計——copy
內頁編排——蔡惠如、copy
印刷——卡樂彩色製版印刷有限公司
經銷商——聯合發行股份有限公司 電話：(02) 2917-8022 傳真：(02) 2911-0053

2018年03月06日初版
2024年04月02日2版
定價380元 Printed in Taiwan 城邦讀書花園 www.cite.com.tw
ISBN 978-626-390-063-9
ISBN 978-626-390-061-5 (EPUB)

國家圖書館出版品預行編目(CIP)資料

靈媒泰勒·亨利：生死之間，那些逝者靈魂教我的事／泰勒·亨利 (Tyler Henry) 著；林曉欽譯. -- 2版. --
臺北市：商周出版：英屬蓋曼群島商家庭傳媒股份有限公司城邦分公司發行, 2024.04, 272面；14.8×21公分
譯自：Between Two Worlds: Lessons from the Other Side ISBN 978-626-390-063-9 (平裝)
1.CST：亨利 (Henry, Tyler) 2.CST：超心理學 3.CST：通靈術 4.CST：傳記 5.CST：美國 175.9 113002197

商周出版

廣	告	回	函
北區郵政管理登記證			
台北廣字第000791號			
郵資已付，免貼郵票			

115 台北市南港區昆陽街 16 號 5 樓

英屬蓋曼群島商家庭傳媒股份有限公司

城邦分公司

請沿虛線對摺，謝謝！

商周出版

書號： BF6058　**書名：** 靈媒泰勒．亨利　**編碼：**

請於此處用膠水黏貼

商周出版

線上版讀者回函卡

讀者回函卡

感謝您購買我們出版的書籍！請費心填寫此回函卡，我們將不定期寄上城邦集團最新的出版訊息。

姓名：＿＿＿＿＿＿＿＿＿＿＿＿ 性別：□男 □女

生日：西元＿＿＿＿年＿＿＿＿月＿＿＿＿日

地址：＿＿＿＿＿＿＿＿＿＿＿＿

聯絡電話：＿＿＿＿＿＿＿＿ 傳真：＿＿＿＿＿＿＿＿

E-mail ：

學歷：□ 1. 小學 □ 2. 國中 □ 3. 高中 □ 4. 大學 □ 5. 研究所以上

職業：□ 1. 學生 □ 2. 軍公教 □ 3. 服務 □ 4. 金融 □ 5. 製造 □ 6. 資訊

□ 7. 傳播 □ 8. 自由業 □ 9. 農漁牧 □ 10. 家管 □ 11. 退休

□ 12. 其他＿＿＿＿＿＿＿＿

您從何種方式得知本書消息？

□ 1. 書店 □ 2. 網路 □ 3. 報紙 □ 4. 雜誌 □ 5. 廣播 □ 6. 電視

□ 7. 親友推薦 □ 8. 其他＿＿＿＿＿＿＿＿

您通常以何種方式購書？

□ 1. 書店 □ 2. 網路 □ 3. 傳真訂購 □ 4. 郵局劃撥 □ 5. 其他＿＿＿

您喜歡閱讀那些類別的書籍？

□ 1. 財經商業 □ 2. 自然科學 □ 3. 歷史 □ 4. 法律 □ 5. 文學

□ 6. 休閒旅遊 □ 7. 小說 □ 8. 人物傳記 □ 9. 生活、勵志 □ 10. 其他

對我們的建議：＿＿＿＿＿＿＿＿＿＿＿＿

＿＿＿＿＿＿＿＿＿＿＿＿

＿＿＿＿＿＿＿＿＿＿＿＿

請於此處用膠水黏貼